AF435430

DIEU CHERCHE, AUJOURD'HUI, UN HOMME...

(Volume 2)

Jean-Pierre Sinawazo Kitambala

CIP a Camerei Naționale a Cărții

Sinawazo Kitambala, Jean-Pierre.

Dieu cherche, aujourd'hui, un homme… / Jean-Pierre Sinawazo Kitambala. – Chișinău : Generis Publishing, 2020 (Print on demand).

Vol. 2. – 2020. – 61 p. – Bibliogr.: p. 59. – ISBN 978-9975-117-46-3.

27

S 59

Cover image: www.unsplash.com/photos/EAvS-4KnGrk

Generis Publishing

Online orders: www.generis-publishing.com
Orders by email: info@generis-publishing.com

DEDICACE

A vous mes sœurs en Christ : Fedlène Auguste, Emmanuelle, Betty Thomas,

A Thérèse K., Kaleng' A Tchuy, Mwange Faila, Chukiyabo Kibenge, Bimuloko Maluvu, Mivumbi Kitambala, Kabonwa Kitambala, Jean-Pierre Kitambala,

Au grand-frère Joseph Kulewa et au cousin Mivumbi wa Kilauri,

A toute la famille Mission Pentecôte Galilée

Au couple Muhamba Kalisa Carlos et tous les membres du Ministère International de la Parole de Vie

A l'Eglise de Jésus-Christ

Je dédie ce livre !

MINISTÈRE INTERNATIONAL DE LA PAROLE DE VIE

INTRODUCTION

Dieu, à travers la bouche de son serviteur Josué, a dit : « Que ce livre de la loi ne s'éloigne point de ta bouche ; médite-le jour et nuit, pour agir fidèlement selon tout ce qui y est écrit ; car c'est alors que tu auras du succès dans tes entreprises, c'est alors que tu réussiras » (Jos 1.8). La méditation dont il est question dans ce passage implique la lecture, la mémorisation et l'apprentissage actifs de la loi que Dieu avait donnée aux Israelites. Josué devait tellement bien apprendre la loi qu'elle devenait une partie de lui-même ; et même David a suivi le même principe quand il dit : « Comment le jeune homme rendra-t-il pur son sentier ? En se dirigeant d'après ta parole. Je te cherche de tout mon cœur : ne me laisse pas égarer loin de tes commandements ! Je serre ta parole dans mon cœur, afin de ne pas pécher contre toi » (Ps 119 : 9-11). Donc, David apprenait et mémorisait la loi de Dieu afin de ne pas s'en écarter. Il s'agit ici de la lecture, la mémorisation et l'apprentissage actifs de la Bible. L'Ecriture est un moyen de pénétrer dans la prière et ce qu'on lit peut se transformer en prière. Tel devra être le style de vie de tout chrétien authentique.

Dieu cherche, aujourd'hui, un Homme qui s'engagera dans l'entreprise divine, un soldat qui servira sous son drapeau. L'accusateur des enfants de Dieu, le diable, appelé l'ange de lumière, est et restera le prince de ce monde de ténèbres, rodant tout autour de nous cherchant qui il dévorera ; pervertit et pervertira encore le monde de plusieurs manières, utilisant l'une ou l'autre des forteresses suivantes : **l'occultisme** (à travers les jeux, la musique Rap, la musique Reggae, média-cinéma, les jeux d'ordinateur, la pornographie, les exercices psychiques, la sorcellerie, la magie noire, les sociétés secrètes comme la franc-maçonnerie, la rose-croix, illuminati,…), **le monde** (nouvel âge, média : TV, journaux, les valeurs : rapports sexuels avant le mariage, tous les désordres sexuels), **les expériences de la vie** : l'inceste, le rejet, la rancune, l'amertume, l'anorexie, la peur, la dépression, les malédictions,…), **la forteresse Jézabel**,… L'Eternel Dieu des armées aura toujours besoin d'un Homme ; un homme avec la foi d'**Abraham** pour partir dans un pays lui désigné (par le Seigneur) sans rouspéter, un Homme capable d'intercéder pour les brebis perdues, pour des nations en guerre, ; un Homme comme **Elie** pouvant, à lui seul, prier demandant le feu et la pluie et voir ces choses s'accomplir ; un Homme obéissant comme **Daniel**, pouvant se lever et dire « non » aux ordres du roi, un Homme comme **Esther** pouvant braver les lois de la cour royale et décrochant l'assentiment du roi et voir celui-ci décider la pendaison de son premier ministre et faisant passer le pouvoir aux mains de Mardochée…

Bref, Dieu cherche aujourd'hui, un intercesseur, un guerrier de la prière, un avocat des enfants de Dieu, un substitut, un canal ou un ambassadeur. Il cherche un soldat qui maitrise les tactiques de la guérilla : quelqu'un qui sait couper les communications comme le feraient les maquisards qui font sauter les ponts, les trains, les téléphones, les émetteurs de radio ou de TV, les routes, les radars, les aéroports, etc ; pour ensuite attaquer les ennemis, les individus ou les groupes isolés et se livrer à un harcèlement propre à terrifier la population civile pour qu'elle se recroqueville ou se range à ses cotés. Cette tactique est mise en place dans certains pays africains, par exemple, pour mater la population surtout pendant les périodes de campagne d'élections présidentielles, et ces chefs d'Etat réussissent toujours et finissent par se maintenir définitivement au pouvoir.

Bien-aimés, je ne sais pas si vous voyez comme moi : « La guerre est partout et à chaque instant de notre vie, on est confronté à une guerre sans merci ». L'Homme est dans une guerre permanente ; qu'on le veuille ou non, on est dans une guerre, qu'on soit conscient ou non. Cette guerre est soit visible soit invisible, mais elle est réelle : nous sommes en guerre contre notre « moi » ; la guerre entre la chair et l'esprit ; entre les différentes religions qui existent ; entre les adeptes de ces religions ; entre les adeptes d'un certain nombre de leaders ; entre les membres de différentes sectes ; entre collègues de travail ; entre pays ; entre certains chefs de service ; entre mari et femme ; entre parents et enfants ; entre politiciens ; entre partis politiques ; entre différents syndicats ; entre les mouvements féministes et les gouvernements ; entre les dirigeants et les ouvriers ou les employés ; entre les hommes ; entre les femmes ; entre les Chrétiens et les satanistes ; entre serviteurs de Dieu ; entre pasteurs et certains membres d'église ;…entre différentes sociétés ; entre différents lobbies ; entre différentes multinationales ; bref, la guerre est partout avec toutes les conséquences qui vont avec : la mort, les blessures, la maladie, le rejet, le suicide,… Dieu, voyant tout cela, nous appelle à l'intervention en faveur des autres, à nous mettre entre et se lever contre. Ce qui veut dire qu'il nous appelle à l'intercession.

Qu'est-ce que l'intercession ? Comment intercéder ? Pourquoi intercéder ? Comment s'appelle celui qui intercède ? Quelles sont ses qualifications ? Tout le monde peut-il intercéder ?... Les réponses à toutes ces questions constituent l'essentiel de ce livre et un appel lancé à tout Chrétien de répondre à l'appel de Dieu quant à l'intercession en faveur de ce monde, devenu sinistre à cause de cette guerre permanente causant tous les dégâts que nous connaissons aujourd'hui. Le manque d'intercession a entrainé la mort de certaines assemblées tombées dans les hérésies ou qui ont purement et simplement disparu ; le monde est en train de mourir sans Christ ; les païens continuent à s'enfoncer dans le paganisme ; certains chrétiens sont en train de dévier d'autres ; la population de certains pays est tuée par de chefs d'Etat sans cœur, membres de certaines sociétés secrètes ;…Les Chrétiens sont persécutés dans le monde au vu et au su du monde chrétien impuissant et incapable de se lever pour intercéder en faveur des frères et sœurs ;…On entend certains chrétiens dire : « Il faut être sage et prudent en restant calme sans parler de Jésus comme la loi dans notre pays l'interdit toute autorité vient de Dieu ; toutes les décisions prises par les différents gouvernements viennent de Dieu car c'est lui qui a mis ces décideurs à la place ou ils sont ;… ». On ignore Daniel, Moise, Pierre et Jean,… des gens qui ont eu le courage de se tenir debout refusant d'obéir aux ordres de hommes(rois) car ceux-ci étaient contraires à la volonté de Dieu « Daniel résolut de ne pas se souiller par les mets du roi et par le vin dont le roi buvait, et il pria le chef des eunuques de ne pas l'obliger se souiller »(Da 1.8) ; « Alors Pierre, rempli du Saint-Esprit, leur dit : Chefs du peuple, et anciens d'Israël, puisque nous sommes interrogés aujourd'hui sur un bienfait accordé à un homme malade afin que nous disions comment il a été guéri, sachez-le tous, et que tout le peuple d'Israël le sache C'est par le nom de Jésus-Christ de Nazareth, que vous avez crucifié, et que Dieu a ressuscité des morts, c'est par lui que cet homme se présente en pleine santé devant vous…. Et les ayant appelés ils leur défendirent absolument de parler et d'enseigner au nom de Jésus. Pierre et Jean leur répondirent : Jugez s'il est juste, devant Dieu, de vous obéir plutôt qu'à Dieu » (Ac 4.8-10,18-20)

Frères et sœurs, n'est-il pas temps d'intercéder pour l'Afrique, l'Europe, l'Asie, l'Amérique et l'Océanie ? N'est-il pas le moment approprié pour que vous intercédiez pour Israël ; pour

République Démocratique du Kongo (ou les multinationales et les différentes puissances mondiales sont à l'œuvre pillant les ressources naturelles et alimentant des guerres qui opposent différents groupes ethniques qui se battent entre eux pour des motifs cachés et qui donnent le butin à leurs protecteurs) ; voyez ce qui se passe au Cameroun, au Nigéria, au Mali, au Burkina Faso, en Algérie, au Rwanda, au Congo-Brazzaville, en Côte-d'Ivoire,…en Syrie, en Irak, en France (dans certains pays, il est même interdit de parler de Dieu en public et surtout pas en son lieu de travail par peur d'être interpellé mais on peut bien parler de sujets tels que l'homosexualité sans être inquiété), la France par exemple, ce pays chrétien ne se reconnait même plus dans la chrétienté ; alors qu'elle était reconnue, à ses origines comme étant une Terre de métissages. Emmanuel **VAILLANT**, dans son livre « L'Immigration »(Coll. Les Essentiels Milan, 2006, Toulouse cedex 9, France) dit : « Il y a deux millions d'années, les premiers habitants qui ont peuplé la France dans ses frontières actuelles étaient déjà des émigrants, issus du continent africain. Plus tard, au premier millénaire avant notre ère, les Celtes partis d'Orient, voire d'Asie Mineure, s'imposent et donnent naissance aux Gaulois. La légende en fera « nos ancêtres ». Mais dans les faits, les descendants de Vercingétorix se perdent dans les multiples invasions qui vont suivre. A la suite des Romains, les « Barbares » se succèdent à partir du IV ème siècle : les Francs, les Alamans, les Wisigoths, les Burgondes, les Huns, etc. Enfin, aux IXème et Xème siècles, les Hongrois, les Sarrasins et les Normands envahissent l'empire de Charlemagne. Depuis la préhistoire, ces vagues de peuplement ont façonné la diversité régionale de la population française. Premières violences xénophobes : accusés de « faire baisser les salaires » ou de « prendre le travail des Français », les Belges, surnommés les « pots d'beurre », sont décrits comme des « brutes » ; les Italiens, fervents catholiques, sont traités de « Christos » par des ouvriers français en lutte pour la laïcité. En Aout 1893, à Aigues-Mortes, plusieurs centaines d'entre eux seront même lynchés. Les Réfugiés politiques, notamment des Russes et des Juifs chassés d'Europe centrale, ne sont pas épargnés par une xénophobie qui s'explique plus par des raisons politiques et culturelles qu'économiques »).

N'êtes-vous pas appelé pour intercéder en faveur des enfants, des veuves, des femmes battues par leurs maris, des hommes battus par leurs femmes, des orphelins, des couples sur le point de divorcer, du monde perdu, de l'évangélisation des peuples, des villages, des villes, des pays, des gouvernements pour qu'ils prennent des décisions en faveur des démunis) ; des hommes et des femmes qui doivent obéir à la Parole de Dieu « Pour n'avoir pas, au milieu de l'abondance de toutes choses, servi l'Eternel, ton Dieu, avec joie et de bon cœur, tu serviras, au milieu de la faim, de la soif, de la nudité et de la disette de toutes choses, tes ennemis que l'Eternel enverra contre toi….Elle t'assiègera dans toutes tes portes… »(De 28 : 47-53).

Dieu t'appelle à ne pas te taire pour l'amour de ton prochain et de ne pas prendre de repos jusqu'à ce que son salut apparaisse comme l'aurore, et sa délivrance, comme un flambeau qui s'allume (Es 62.1).

Si tu es un Chrétien, sache que tu es équipé d'un arsenal incroyable et suffisamment puissant pour transformer des vies et changer le monde. Pour ceux qui, avec justice, se saisissent des armes de Dieu, chaque parole qu'ils prononcent est chargée d'un potentiel de force créatrice immense et de délivrance.

Dieu t'invite à t'impliquer dans un dialogue qui mobilise les armées célestes et met en branle les armes de guerre – celles qui atteignent le royaume spirituel et changent le cours des événements dans le monde naturel. Il attend toujours que ceux qui, parmi nous, en ont le courage s'avancent et prennent place au sein des plus hauts rangs de son armée. Dieu a suffisamment d'hommes de troupe ; ce qu'il veut maintenant, ce sont des généraux prêts à payer le prix du sacrifice et de la discipline nécessaire pour connaitre ses stratégies divines et les appliquer sur la terre.

L'Homme est au centre du conflit entre Dieu et Satan. Dieu veut que l'Homme soit totalement Sien et que sa volonté soit faite sur toute la terre comme au ciel ; et que Satan, le diable, veut aussi que l'Homme soit totalement sien et que sa volonté soit faite sur toute la terre. Donc, nous sommes face à deux maitres qui s'opposent entre eux, dans un conflit éternel. Ce qui revient à dire que chacun de nous appartient soit à Dieu soit à Satan, et qu'il n'y a pas de position neutre. Chacun de nous est face à un choix : si tu acceptes Jésus comme ton Seigneur et Sauveur personnel, tu obéiras à sa Parole et tu appartiendras à son Royaume pour coopérer avec Lui pour l'édification de son Royaume et pour le renversement de celui de Satan. Mais si tu refuses Jésus, cela montre que tu acceptes Satan pour participer aux activités démoniaques, ainsi t'opposer à Dieu comme le fait le diable depuis sa chute. Si tu t'engages dans l'édification du Royaume de Dieu, il faut aussi t'engager pour la destruction du royaume de Satan. C'est donc un engagement au combat le plus farouche de notre existence, appelé l'intercession.

L'INTERCESSION

La terre entière est prise en otage par l'ennemi, le diable, aussi appelé le dieu de ce siècle (2Co 4.4), le prince de la puissance de l'air (Ep 2.2), le prince de ce monde (Jn 12.31). Le monde est sous l'emprise du malin, il est au pouvoir du malin (1 Jn 5.19). Celui-ci s'est infiltré dans les Chrétiens par des portes ouvertes par nous-mêmes : normalement, les Chrétiens sont entourés d'une muraille protectrice, de façon que les démons ne puissent pas pénétrer en eux. Ceux qui ne sont pas chrétiens sont aussi protégés, dans une certaine mesure (le Seigneur ne permet pas aux démons de violer leur libre-arbitre). Par conséquent, qu'il s'agisse de Chrétiens ou de non-chrétiens, il faut qu'une brèche soit faite dans la muraille protectrice, pour que les démons puissent pénétrer à l'intérieur d'une personne et demeurer effectivement dans son corps. C'est donc le péché qui renverse la muraille protectrice et qui permet, bien souvent à un démon d'entrer effectivement à l'intérieur de la personne qui commet ce péché.

L'homme a ouvert les portes à l'occultisme : par des contacts avec des occultistes de tout genre, ce qui ouvre la porte à l'ennemi. Par exemple, s'amuser à lire votre horoscope, visiter les diseuses de bonne aventure ou ceux qui lisent les lignes de la main,…Pendant nos fêtes scolaires ou paroissiales, l'on accueille quelque devin, sous prétexte de recueillir des fonds, et on permet aux jeunes enfants de consulter de telles personnes ;… A la longue, ces enfants deviennent incapables d'accepter Jésus dans leur vie. Un jour, je me suis rendu chez une sœur en Christ, à qui j'avais témoigné l'amour de Dieu pour un enseignement et la prière. Une fois dans cette maison, j'ai été choqué par la réponse d'un de ses enfants à qui j'avais demandé de venir prier avec nous dans leur salon. Le garçon m'a dit : « Ah non, moi je ne crois pas en Dieu, il n'est pas question que je vienne prier, c'est ainsi qu'on m'a appris à l'école ». Je n'ai pas insisté, j'ai tout simplement compris que l'enfant était déjà endoctriné par de faux enseignements scolaires (De 18.10-12). Aujourd'hui, les gens font des visites par curiosité à des séances de spiritisme ; la lecture de livres sur les sciences occultes, apprennent le yoga ; consultent les médiums ; font des projections astrales ; jouent avec des planchettes divinatoires ; ils pratiquent de la parapsychologie ; la magie ; allument des cierges en prononçant des prières ; font des incantations ; pratiquent de la lévitation ou le déplacement d'objets à distance ; d'autres consultent le spirites pour essayer de retrouver des objets perdus. Nous citerons aussi par exemple, les clubs des étudiants ou associations d'étudiants qui se réclament de tel ou tel personnage et sont initiés à un certain nombre de rituels occultes ; le mouvement du Nouvel Age (New Age) : à propos de ce mouvement, Rebecca BROWN dit : le yoga est une porte d'entrée de démons, car son but est de nous relier au dieu hindou Brahman, ou de nous placer sous son « joug ». Face aux crimes, aux gangs, à la pauvreté, à l'avortement, au racisme, à l'avarice, au viol, à la drogue, au divorce, à l'injustice sociale, aux sévices infligés aux enfants,…les églises qui se vident, l'indifférence à l'Evangile, l'introduction des hérésies dans l'église, les fausses doctrines,…Dieu nous appelle au combat, lequel ne peut se faire que dans la prière (notre arme). L'injustice est tellement criante aujourd'hui qu'on commence à trouver cela normal : en France par exemple, un diplôme accepté au Danemark (pays de l'Union Européenne) ne le sera pas ici, surtout si ce diplôme est d'origine africaine. J'ai moi-même obtenu le diplôme de Licence en Management des Organisations, spécialité Gestion des établissements sanitaires, sociaux et médico-sociaux en France, et en voulant faire la formation de cadres de santé, la chargée des inscriptions a tout simplement et purement refusé de prendre mon dossier, malgré toutes les explications que j'ai fournies à la dame, celle-ci justifiait son refus par le fait que mon diplôme d'infirmier n'a pas été obtenu en France ; et chose curieuse, sur mes bulletins de paie il est bien mentionné que je fais le métier d'Infirmier en soins généraux et que les salaires ne suivent pas.

Nous sommes dans un monde ou les démons et les liens démoniaques se transmettent par hérédité. Les péchés des parents passent sur les enfants (Ex.20.5, 34.6-7 ; Nb 14.18 ; De 5.9). Les péchés de nos ancêtres ont des effets réels sur la vie des descendants, c'est pourquoi l'on doit fermer la porte de l'hérédité, utilisant la prière, la confession et la puissance purificatrice du Sang de Jésus-Christ. On ne peut pas ne pas parler des jeux occultes, devenus un moyen très efficace utilisé par le diable.

Ces dernières années ont vu les gens vivre dans les péchés sexuels : la fornication, l'impudicité, toutes sortes de souillures de la chair, jusque dans les assemblées chrétiennes et on n'en parle pas, parce que le dirigeant de l'église a peur de perdre une âme, ou bien lui-même est impliqué dans cette perversion sexuelle : « Fuyez l'impudicité. Quelque autre péché qu'un homme commette, ce péché est hors de son corps ; mais celui qui se livre à l'impudicité pèche contre son propre corps. Car vous avez été rachetés à un grand prix. Rendez donc gloire à Dieu dans votre corps et dans votre esprit qui appartiennent à Dieu » (1Co 6.18 et 20).

Susan GARRETT, cité par C. Peter **WAGNER**, dans son livre « Le combat dans la prière », dit : « Luc considère Satan comme un être puissant auquel une bonne partie du monde est assujettie. Il contrôle des individus par la maladie et la possession démoniaque. Il contrôle des royaumes entiers, dont les habitants vivent dans les ténèbres de l'idolâtrie, l'adorant et lui rendant la gloire qui est due à Dieu seul. Le fait qu'il contrôle les royaumes devient évident quand on considère l'offre qu'il a faite à Jésus, lors de sa tentation dans le désert ; là, il lui montra tous les royaumes de ce monde et lui dit : (Je te donnerai tout cela, si tu te prosternes et m'adores) (Mt 4.4) ».

Les structures sociales et les êtres humains démonisés peuvent être délivrés d'oppressions démoniaques par la prière de combat. L'intercession est notre arme spirituelle principale, donc l'histoire appartient aux intercesseurs.

QU'EST-CE QUE L'INTERCESSION ?

Lorsque des jeunes gens s'engagent dans les Marines, leur premier arrêt se situe au camp d'entrainement. Ils y reçoivent une formation intensive de base, dont le but est de les préparer à rentrer dans la vie militaire. L'objectif principal de cette formation est de développer le caractère qui soutiendra un Marine dans les situations de crise, au combat. Cela s'effectue en partie au travers de disciplines physiques épuisantes, dont le but est de fortifier les muscles, mais aussi la motivation. L'aspect le plus important reste cependant le conditionnement psychologique nécessaire qui permettra de s'assurer que chaque marine est convaincu du bien-fondé de la mission de son corps d'armée, le développement de son courage, de son autodiscipline, et qu'il est pleinement préparé à se soumettre à l'autorité et à obéir aux ordres sans poser des questions. Sans ce camp d'entrainement de base, les Marines ne gagneraient jamais une seule bataille et encore moins la guerre.

L'intercession est un camp de formation spirituelle : une formation de base s'impose aux Chrétiens qui désirent s'engager dans le combat spirituel. Comme on l'a dit ci-haut, tout Chrétien doit savoir qu'il est un soldat de Christ et que la guerre est permanente, qu'on le veuille ou non. Il ne faut pas se lancer dans l'action sans se soumettre auparavant à la discipline nécessaire pour s'équiper pour la bataille. Si on le fait ainsi, on s'ouvre soi-même à des attaques personnelles sérieuses, et on court le risque de discréditer le corps de Christ. Ce combat implique deux mouvements : l'un vers Dieu et l'autre contre Satan. Et le but de la prière, dit Gordon cité par C. Peter **WAGNER**, n'est pas de persuader ou d'influencer Dieu, mais d'unir nos forces aux siennes contre l'ennemi. Se joindre à Dieu contre Satan est essentiel dans la prière. Le but essentiel n'est pas d'atteindre Dieu, mais de repousser Satan. Le faisant, n'oublions pas que nous ne possédons en nous-mêmes aucun pouvoir nous permettant de vaincre Satan : « Ce n'est ni par la puissance, ni par la force, mais par mon Esprit, dit l'Eternel des armées » (Zac 4.6). Notre camp d'entrainement spirituel, dont le but est d'équiper les guerriers (intercesseurs), aura trois parties essentielles pouvant nous permettre de résister avec succès au diable, à savoir (Jac 4.7-8) : se soumettre à Dieu, s'approcher de Dieu, et purifier ses mains et son cœur.

L'intercession est un ministère caché, et qui n'est pas parmi les cinq (ministères) classiques connus, à savoir : apôtre, prophète, évangéliste, pasteur, docteur. Ce qui suppose un appel divin pour qui veut devenir un intercesseur. L'intercession est le laboratoire ou se prépare tout sur et pour l'église et le peuple de Dieu. C'est elle qui propulse l'église vers l'avant : croissance numérique et spirituelle,…

Du grec (εντευξίσ) l'intercession signifie prière, demande en faveur de quelqu'un. Le croyant est exhorté à faire des intercessions pour tous les hommes « J'exhorte donc, avant toutes choses, à faire des prières, des supplications, des requêtes, des actions de grâces, pour tous les hommes, pour les rois pour ceux qui sont élevés en dignité, afin que nous menions une vie paisible et tranquille, en toute piété et honnêteté »(1Ti 2.1) ; l'Esprit Saint intercède pour les saints selon Dieu (Rom 8.26-27) ; Christ intercède aussi pour eux (Rom 8.34).

C'est aussi un engagement qui accélère la sanctification, sans laquelle nul ne verra Dieu (Hé 12.14). En priant et en se tenant sur la brèche, on recevra probablement des ordres pour aller ou on ne veut pas aller (Jn 21.18). Exemple : abandon d'une profession non conforme à la volonté de Dieu ; abandon d'une affection abusive ; réduction des besoins pour que l'épouse réintègre le foyer ; conception d'un dixième enfant ; régularisation d'une situation ; etc.

C'est le fait de renverser les circonstances contre la volonté divine. Nb 14.15-20 : ce n'est pas Moïse qui avait péché mais bien le peuple d'Israël. Ce qui était impossible a été rendu possible à l'intercesseur Moïse qui a rappelé à Dieu ses promesses afin qu'il pardonne ce peuple qui avait péché.

Intercéder, de l'hébreu ↔Єταγαρ€, signifie à la fois : se mettre entre et se lever contre. Il s'agit bien d'un service en faveur d'autrui. Se mettre entre Dieu et quelqu'un : en qualité d'avocat qui plaide pour l'intérêt de son « client » ou qui demande pour lui. Jésus, n'est-il pas notre Avocat auprès du Père, selon 1Jean 2.1, et ne sommes-nous pas ses disciples ? En tant que tel, le cabinet de l'Avocat Jésus est ouvert 24 heures sur 24, d'une façon permanente nuit et jour, il ne refuse aucun dossier qu'on lui présente, il défend tout celui qui sollicite son intervention auprès du Père. Il n'a pas de parti pris, il ne fait pas de favoritisme. Exemple : « Seigneur, pardon pour le frère qui se met en colère, tu vois comme il est malheureux, la vie est difficile pour lui, etc. C'est une plaidoirie.

En qualité de substitut : nous voyons Moïse intercéder en faveur du peuple d'Israël : « Le lendemain, Moïse dit au peuple : « Vous avez commis un grand péché. Je vais maintenant monter vers l'Eternel. Peut-être obtiendrai-je le pardon de votre péché ». Moïse retourna vers l'Eternel et dit : « Ah ! Ce peuple a commis un grand péché. Ils se sont fait des dieux en or. Pardonne maintenant leur péché ! Sinon, efface-moi de ton livre que tu as écrit ». L'Eternel dit à Moïse : « C'est celui qui a péché contre moi que j'effacerai de mon livre. Va donc, conduis le peuple à l'endroit que je t'ai indiqué. Mon ange marchera devant toi, mais le jour ou j'interviendrai, je les punirai de leur péché » (Ex 32.32-34). Cette position de substitut (Es 53.5 ; 1Pi 2.24-25), a provoqué des déviations de doctrine dans le peuple de Dieu aujourd'hui. Certains ont cru, par imitation de Jésus-Christ, pouvoir souffrir pour les autres ; porter leurs péchés et leurs maladies pour qu'ils soient sauvés ou guéris. Ils ont probablement provoqué des réactions de l'ennemi pour les encourager dans cette voie d'erreur. Mais tout a été accompli à la Croix (Jn 19.30). Jésus était le seul substitut que Dieu ait accepté et suscité, Lui, l'Agneau sans tache (Ac 4.12 ; Ex 32.32-33 ; 1Co 7.16 ; 1Ti2.5 ; Dan 9 ; Néh 1).

S'identifier, c'est comprendre profondément, par compassion, l'état de ceux pour qui l'on prie comme si nous priions à leur place (1Co 12.26). Dieu peut nous orienter vers un rôle de substitut en tant que protecteur, frère ainé, père spirituel (1Co 4.15-16 ; Ph 2.22) jusqu'à ce que nos « protégés » parviennent à une certaine maturité spirituelle.

En qualité de canal ou d'ambassadeur, de dispensateur (2Ti 1.6 ; 1Pi 4.10 ; 1Co 4.1-2). C'est un rôle important, indissociable de la prière. Nous devons, sur ordre reçu de Dieu dans la prière, proclamer le pardon, la délivrance, lier et délier, transmettre une onction ou tout autre acte solennel pour l'Eglise. C'est le rôle de l'ambassadeur, chargé de mission ou envoyé (Mt 18.18 ; Lc 4.18-19).

Se lever contre les puissances de ténèbres : le discernement nous est nécessaire, et il se développe dans l'intercession et la communion avec Dieu.

Dans le ministère d'intercession établi par Dieu, une personne peut pécher. Etant dans cet état, cette personne mérite d'être punie pour son péché. Une autre personne qui n'a pas commis ce crime (péché) va devant le Seigneur en prière, confesse le péché du coupable, l'endossant comme si elle avait péché, et s'identifiant complètement et pleinement avec la personne qui a péché et avec son péché, de telle sorte que, bien que n'ayant pas péché, elle se considère comme un pécheur et implore miséricorde. Dieu entend et pardonne au coupable, c'est cela l'intercession et celui qui endosse le péché du coupable, c'est l'intercesseur.

Intercéder c'est défendre une cause devant Dieu ; c'est la présenter si soigneusement et si minutieusement que Dieu est contraint d'agir.

Dieu cherche, aujourd'hui, un Homme comme Abraham (qui intercéda pour Israël : « Abraham s'approcha, et dit : Feras-tu aussi périr le juste avec le méchant ? Peut-être y'a-t-il cinquante justes au milieu de la ville : les feras-tu périr aussi, et ne pardonneras-tu pas à la ville à cause des cinquante justes qui sont au milieu d'elle ? Faire mourir le juste avec le méchant, en sorte qu'il en soit du juste comme du méchant, loin de toi cette manière d'agir ! Loin de toi ! Celui qui juge toute la terre n'exercera-t-il pas la justice ? Et l'Eternel dit : Si je trouve dans Sodome cinquante justes au milieu de la ville, je pardonnerai à toute la ville, à cause d'eux. Abraham reprit, et dit : Voici, j'ai osé parler au Seigneur, moi qui ne suis que poudre et cendre. Peut-être des cinquante justes en manquera-t-il cinq : pour cinq, détruiras-tu toute la ville ? Et l'Eternel dit : Je ne la détruirai point, si j'y trouve quarante-cinq justes. Abraham continua de lui parler, et dit : Peut-être s'y trouvera-t-il quarante justes. Et l'Eternel dit : Je ne ferai rien, à cause de ces quarante. Abraham dit : Que le Seigneur ne s'irrite point, et je parlerai. Peut-être s'y trouvera-t-il trente justes. Et l'Eternel dit : Je ne ferai rien, si j'y trouve trente justes. Abraham dit : Voici, j'ai osé parler au Seigneur. Peut-être s'y trouvera-t-il vingt justes. Et l'Eternel dit : Je ne la détruirai point, à cause de ces vingt. Abraham dit : Que le Seigneur ne s'irrite point, et je ne parlerai plus que cette fois. Peut-être s'y trouvera-t-il dix justes. Et l'Eternel dit : Je ne la détruirai point, à cause de ces dix justes ») ; comme Moise (qui a intercédé pour les enfants d'Israël : « Et il parla de les exterminer ; Mais Moise, son élu, se tint à la brèche devant lui, pour détourner sa fureur et l'empêcher de les détruire »(Ps 106.23) ; comme Phinées « Phinées se leva pour intervenir, et la plaie s'arrêta »(Ps 106.30) ; comme Jésus-Christ (intercède pour nous : « Qui accusera les élus de Dieu ? Christ est mort ; bien plus, il est ressuscité, il est à la droite de Dieu, et il intercède pour nous »(Rom 8.34) ; le Saint-Esprit de Dieu intercède aussi pour nous, mettant à notre cœur le besoin de Dieu.

LA MOTIVATION :

Pourquoi Dieu cherche-t-il aujourd'hui un Homme ? Ezéchiel 22.3-12, 23-31 nous donne la réponse à cette question : « Tu diras : Ainsi parle le Seigneur, l'Eternel : Ville qui répands le sang au milieu de toi, pour que ton jour arrive, et qui te fais des idoles pour te souiller ! Tu es coupable à cause du sang que tu as répandu, et tu t'es souillée par les idoles que tu as faites. Tu as ainsi avancé tes jours, et tu es parvenue au terme de tes années. C'est pourquoi je te rends un objet d'opprobre pour les nations et de moquerie pour tous les pays. Ceux qui sont près et ceux qui sont au loin se moqueront de toi, qui es souillée de réputation et pleine de trouble. Voici, au-dedans de toi, tous les princes d'Israël usent de leur force pour répandre le sang ; au-dedans de toi, l'on méprise père et mère, on maltraite l'étranger, on opprime l'orphelin et la veuve. Tu dédaignes mes sanctuaires, tu profanes mes sabbats. Il y a chez toi des calomniateurs pour répandre le sang ; chez toi, l'on mange sur les montagnes ; on commet le crime dans ton sein. Au milieu de toi, on découvre la nudité du père ; au milieu de toi, on fait violence à la femme pendant son impureté. Au milieu de toi, chacun se livre à des abominations avec la femme de son prochain, chacun se souille par l'inceste avec sa belle-fille, chacun déshonore sa sœur, fille de son père. Chez toi, l'on reçoit des présents pour répandre le sang ; tu exiges un intérêt et une usure, tu dépouilles ton prochain par la violence, et moi, tu m'oublies, dit le Seigneur, l'Eternel. La Parole de l'Eternel me fut adressée, en ces mots : Fils de l'homme, dis à Jérusalem : Tu es une terre qui n'est pas purifiée, qui n'est pas arrosée de pluie au jour de la colère. Ses prophètes conspirent dans son sein ; comme des lions rugissants qui déchirent leur proie, ils dévorent les âmes, ils s'emparent des richesses et des choses précieuses, ils multiplient les veuves au milieu d'elle. Ses sacrificateurs violent ma loi et profanent mes sanctuaires, ils ne distinguent pas ce qui est saint de ce qui est profane, ils ne font pas connaitre la différence entre ce qui est impur et ce qui est pur, ils détournent les yeux de mes sabbats, et je suis profané au milieu d'eux. Ses chefs sont dans son sein comme des loups qui déchirent leur proie ; ils répandent le sang, perdent les âmes, pour assouvir leur cupidité. Et ses prophètes ont pour eux des enduits de plâtre, de vaines visions, des oracles menteurs ; ils disent : Ainsi parle le Seigneur, l'Eternel ! Et l'Eternel ne leur a point parlé. Le peuple du pays se livre à la violence, commet des rapines, opprime le malheureux et l'indigent, foule l'étranger contre toute justice. Je cherche parmi eux un homme qui élève un mur, qui se tienne à la brèche devant moi en faveur du pays, afin que je ne le détruise pas ; mais je n'en trouve point. Je répandrai sur eux ma fureur, je les consumerai par le feu de ma colère, je ferai retomber leurs œuvres sur leur tête, dit le Seigneur, l'Eternel ». Ce passage prophétique dénonce avec virulence les différentes violations de la Loi dont Jérusalem s'est rendue coupable ; tant les commandements relatifs à l'attitude envers l'Eternel que ceux qui concernent les relations humaines sont constamment transgressés. Les divers responsables sont également dénoncés : les prophètes, les prêtres, les chefs politiques, et le peuple dans son ensemble. Tous ces actes abominables fondent le jugement divin, redoutable, que va connaitre Jérusalem.

Dans les villes aujourd'hui, le sang est versé comme c'est le cas dans les villes de la Syrie, en République Démocratique du Kongo, au Cameroun, au Mali, au Nigéria, en Irak, au Togo, au Burkina Faso, dans la bande de Gaza, … ; fabrication des idoles adorées aujourd'hui plus qu'hier, à l'exemple de l'argent devant lequel le monde se prosterne à n'importe quel prix et de sacrifices ; les femmes aussi sont devenues des idoles vénérées par des hommes ; la science n'en parlons même pas, dans la mesure ou certaines personnes pensent et croient que la science est la solution à tout problème de notre vie ;… le sang innocent est versé par des dirigeants sans cœur de certains pays dans le monde et cela au vu et au su de Chrétiens démunis, désarmés et pleurnichards ; la Parole de Dieu est devenue un objet d'insultes pour les nations et de moquerie pour tous les pays ; l'existence de mépris des enfants envers les pères et mères ; les étrangers sont maltraités dans les pays ; les orphelins et les veuves sont opprimés (voir ce qui se passe dans les pays en guerre ou mêmes les soldats de l'ONU censés protéger les personnes vulnérables dont les enfants et les femmes se livrent aux pillages du sol et du sous-sol, aux viols et aux massacres,…) ; les sabbats sont violés et les lieux de cultes à l'Eternel saccagés par des forces de l'ordre dans certains pays ; les Chrétiens sont arrêtés, les uns mis en prison et les autres tués ; les scandales sont multiples dans les villes ou on peut voir une certaine mode d'habillement laissant à désirer parce qu'il n'y a plus de pudeur, chacun parle de la liberté de faire de son corps ce qu'on veut ; la nudité de pères est dévoilée ; le sexe n'est plus réservé à son conjoint (ou à sa conjointe) de sorte qu'on peut voir des filles seins nus dans les rues et que cela ne choque personne ; on se livre à des pratiques abominables avec la femme de son prochain ; on assiste impuissant aux viols de mineures , à l'inceste ; dans les différentes administrations, on accepte des pots-de-vin pour verser le sang ; on exige des intérêts ; on cherche à faire des profits ; on dépouille son prochain ; on l'exploite (exemple de ces gens qui prennent des sans-papier pour les faire travailler en payant un salaire de misère qui ne correspond même pas au smig et ne respectant même pas les dates précises de paiement de salaires) et on oublie Dieu ;… C'est pour cela que Dieu cherche, aujourd'hui, un Homme capable d'intercéder en faveur de toutes ces personnes, c'est-à-dire participer effectivement par amour agape aux souffrances des autres et pas seulement prier de l'extérieur.

Frères et sœurs, connaissez-vous une seule nation, dans le monde, qui ne vit pas ces signes de colère de Dieu décrits dans ce texte d'Ezéchiel 22 ?

- Dans quelles parties du monde y a-t-il des leaders et des autorités importantes du peuple qui n'utilisent pas le peuple qu'ils dirigent pour leurs propres intérêts ? Si tu peux trouver de tels leaders ou groupes de leaders, alors ceux-là pourront être épargnés par ce que la Parole de Dieu dit ici en Ezéchiel 22.
- Connais-tu une seule nation ou les dirigeants n'ont jamais décidé de la mort de quelqu'un ou de plusieurs personnes afin de continuer à exercer leur pouvoir ?
- Ou sont les dirigeants qui vivent uniquement de leurs salaires ? Ou sont ceux qui n'ont pas de gros comptes en banque à l'étranger ?
- Les hommes sont tués ou emprisonnés, et les veuves sont là pour souffrir ou pour être utilisées (abusivement par des chefs de service sans cœur). Cette situation vraie en Israël hier, est encore vraie aujourd'hui pour toute nation dans ce monde.

Ou sont les David, Abraham, Moise, Esther, Néhémie (Néh 1.1-7), Daniel (Dan 9.3-8), Paul (Ep1.15-23 ; 3.14-20 ; Col 1.9-12 ; 2.1-3) … pour intercéder, comme le Seigneur Jésus lui-même l'a fait pour le monde qui se meurt aujourd'hui ? La Bible dit de Lui : « existant en forme de Dieu, il n'a point regardé son égalité avec Dieu comme une proie à arracher, mais il s'est dépouillé lui-même, en prenant une forme de serviteur, en devenant semblable aux hommes ; et il a paru comme un vrai homme, il s'est humilié lui-même, se rendant obéissant jusqu'à la mort, même jusqu'à la mort de la croix »(Ph 2.6-8). Cela veut dire que Jésus s'est identifié avec l'homme dans son péché, il s'identifia aussi avec l'humanité en étant séparé de Dieu, car il porta sur Lui notre péché, et en goutant à la mort, son identification avec l'homme fut totale et complète.

Ezéchiel 22.30 dit : « Je cherche parmi eux quelqu'un qui construise un mur, qui se tienne à la brèche devant moi en faveur du pays, pour que je ne le détruise pas, mais je ne trouve pas ». Dieu parle d'un mur (=qir en hébreux signifie « défense » ; homah signifie « barrière » ; chour signifiant « mur de pierre » ; du grec teichos) qu'on doit construire. Ce mur devra être fait, non des pierres mais des personnes fidèles, qui sont unies dans leur effort pour résister au mal, comme celui que nous vivons aujourd'hui. Ce mur est en piteux état car il n'y a personne pour ramener le peuple à l'Eternel. Les minces efforts faits pour réparer les brèches- par des rites religieux ou des messages basés sur l'opinion populaire plutôt que sur la volonté divine- sont aussi inutiles et illusoires que du plâtre : c'est une couche superficielle qui ne sert qu'à cacher les vrais problèmes. Ce dont le peuple a réellement besoin, c'est d'une reconstruction spirituelle totale. La reconstruction chrétienne est « une philosophie énoncée récemment qui prétend que c'est une obligation morale pour les chrétiens de reconquérir toutes les institutions et les soumettre à Jésus-Christ (au moyen de) la loi biblique ». La reconstruction signifie que le christianisme doit reconstruire la culture « dans tous les domaines de la vie (…) l'éducation, la médecine, l'agriculture, l'économie, l'emploi, la politique, l'application de la loi, les relations familiales, la vie dans l'Eglise, les arts et les sciences (…), bref, partout ».

Donc, les intercesseurs sont nécessaires parce qu'ils se tiennent sur la brèche entre l'homme et Dieu, poussant Dieu à bénir l'homme ou à ne pas faire descendre sur l'homme la punition méritée. Notre texte d'Ezéchiel 22 nous montre que la tragédie est qu'il y a pénurie d'intercesseurs aujourd'hui plus qu'hier. Et Dieu lui-même s'est plaint de cette pénurie ; beaucoup de jugements auraient été évités s'il avait trouvé un seul intercesseur. La calamité est descendue sur le peuple, pas seulement parce que celui-ci avait péché, mais aussi parce qu'il n'y avait pas d'intercesseur. Avons-nous des intercesseurs aujourd'hui dans nos différents pays ? La réponse serait négative au vu de tous les problèmes qu'on a dans le monde. Le jugement de Dieu est venu et est en train de venir sur le monde, pas seulement parce que le monde a péché, mais aussi parce qu'il y a pénurie d'intercesseurs. Le peuple méritait le jugement parce que Dieu voit d'un regard indigné le péché commis par ceux qui savent. Personne n'intercédait ; personne ne suppliait Dieu, personne ne demandait pardon. Dieu a attendu en vain que quelqu'un fasse quelque chose à ce sujet, qu'il intercède, mais rien n'a été fait ! Le Seigneur, au lieu de les punir comme ils le méritaient, s'était mis à la recherche d'un homme parmi eux qui pouvait intercéder. Il a regardé et regardé, cherché et recherché, mais en vain. Personne n'intercédait. Personne n'était qualifié pour intercéder. Parce que Dieu ne trouva pas d'intercesseur, déversa son indignation sur le peuple, indignation qui était là dès le moment ou le peuple commença pécher. Dieu a pris du temps attendant que quelqu'un intercède, mais en vain. Il tint son indignation sous contrôle pendant qu'il cherchait un intercesseur. Lorsqu'après une recherche diligente, il ne trouva pas d'intercesseur, il se laissa aller à sa colère qu'il déversa après avoir attendu longtemps sans qu'un seul intercesseur soit trouvé. Le Seigneur fut indigné par le manque de justice et d'intercesseur pour intervenir en faveur du peuple (Es 59.15-16). Dieu n'était pas à la recherche de plusieurs intercesseurs, il en cherchait un seul ; un seul aurait été suffisant pour intervenir et les choses seraient différentes. Il voulait qu'un seul intercesseur apparaisse, mais personne ne se présenta ; et à cause de cela, il fut contraint par la justice divine de punir et c'est ce qu'il fit. Ou sont les intercesseurs, eux qui peuvent changer une situation par leurs prières à Dieu ? Le grand prophète Jérémie répond disant : Parcourez les rues de Jérusalem, regardez, informez-vous, cherchez dans les places, s'il s'y trouve un homme, s'il y en a un qui pratique la justice, qui s'attache à la vérité, et je pardonne à

Jérusalem »(Jér 5.1), et son confrère, le grand prophète Esaie de renchérir : « Je regardais, et personne pour m'aider ; j'étais étonné, et personne pour me soutenir »(Es 63.5). Mon frère, ma sœur, peux-tu remplacer « Jérusalem » par ta ville, ton village, ta capitale ou ton pays pour répondre à la question posée et à laquelle le prophète Jérémie vient de répondre dans ce verset 1 de son chapitre 5 ? Dieu n'a pas changé. Parce qu'il n'y avait pas d'intercesseur, Dieu fit venir le jugement sur le peuple. Ce qu'il fit dans le passé, il le fera aujourd'hui parce que la condition pécheresse des hommes n'a pas changé ; son jugement est imminent et il sera dévastateur. Si tel est le cas, veux-tu que ce jugement puisse s'abattre sur le peuple ? Ne peux-tu rien faire avant que ce jugement n'arrive ? Es-tu préoccupé par ce fait ou non ? Te dis-tu que c'est l'affaire des autres ? Veux-tu projeter de faire quelque chose demain au lieu de le faire déjà aujourd'hui ? Demain pourrait être trop tard. Peut-être qu'aujourd'hui, les péchés se sont déjà accumulés devant Dieu qui attend un intercesseur. Pendant qu'il reste quelques heures, quelques minutes, ou quelques secondes avant que la colère de Dieu ne se déverse, vas-tu te mettre à la brèche ? Ne vas-tu pas faire quelque chose à ce sujet ?

Dieu veut dire que les leaders politiques actuels peuvent continuer à se corrompre, les sacrificateurs et les prophètes (les dirigeants religieux d'aujourd'hui) peuvent demeurer aussi mauvais qu'étaient ceux d'Israël à l'époque ; la population de notre pays peut demeurer ce qu'était celle d'antan ; cependant s'il trouve un intercesseur, notre pays, notre ville, notre planète ne sera pas puni ! Notre challenge toi et moi est de répondre à la question : dois-je me plaindre des sacrificateurs, des dirigeants politiques, des fausses doctrines, des chefs de différentes sectes ou religions, des échecs des autres, du manque d'amour, de frères et sœurs qui rétrogradent,… ? Quel est le problème aujourd'hui ? Peux-tu te poser la question que je suis en train de me poser, moi ? « Suis-je un intercesseur ? ». Si oui, alors les choses peuvent changer, elles devraient changer et changeront nécessairement, car Dieu est fidèle à sa Parole, tel qu'il a promis de ne pas déchirer s'il trouvait un intercesseur, donc il le fera. Vois-tu bien que le problème n'est pas les autres, mais c'est chacun de nous individuellement.

Lorsque nous donnons l'impression que nous aimons Dieu mais ne cherchons pas à respecter sa volonté pour nous, nous ne faisons que couvrir des péchés qui peuvent entrainer des conséquences dévastatrices. N'utilisons pas la foi comme du plâtre : effectuons les corrections nécessaires dans notre vie en appliquant les principes de la Parole de Dieu. Nous pourrons ensuite nous joindre à d'autres pour nous tenir **« à la brèche »** et faire la différence dans ce monde en témoignant pour Dieu.

Frères et sœurs, êtes-vous au courant de ce qui se passe aujourd'hui dans le monde ou non ? Faites vous semblant ou bien vous vous dites que c'est l'affaire des autres ?

Pour votre information : l'adultère est maintenant autorisé en Afrique du Sud ; on n'a plus le droit de répudier sa femme à cause du fait qu'on l'a surprise en flagrant de lit d'adultère.

Les Etats Unis d'Amérique ont confirmé que tous les pays du monde doivent accepter le mariage homosexuel (homme + homme = 1 ; femme + femme= 1) pour nouer de bonnes relations avec les grandes puissances. La ville de Miami est désormais proclamée une ville d'achat de sexe public : cela veut dire qu'en route, à l'église, au marché, au terrain de football, si tu as besoin du sexe, tu peux te réjouir en route sans problème. Il est permis, aux Etats-Unis, d'ouvrir des églises sataniques publiquement.

Le Canada autorise la bestialité (la zoophilie) c'est-à-dire faire l'amour avec les animaux.

En Espagne, les films pornographiques sont autorisés à l'école secondaire et à l'université.

La prostitution de mineures est autorisée, et Marg Luker déclare que toute jeune fille âgée de dix ans ressent déjà le plaisir sexuel et personne ne doit défendre cette fille de découvrir comment fonctionne son corps.

L'Allemagne venait de signer ou de voter la loi qui déclare qu'il n'y a plus d'inceste, c'est-à-dire qu'un frère et sa sœur peuvent se marier, maman et son fils peuvent se marier, papa et sa fille peuvent aussi se marier.

En France, la loi sur l'enseignement de l'éducation sexuelle aux enfants à partir de trois ans est en discussion à l'Assemblée nationale, pendant que j'écris ce livre.

Dieu cherche, aujourd'hui, un Homme parce que « L'Eternel vit que les hommes commettaient beaucoup de mal sur la terre et que toutes les pensées de leur cœur se portaient constamment et uniquement vers le mal » (Gen 6.5). Dieu ne trouva aucun intercesseur. Pourquoi cette pénurie d'intercesseurs ? C'est parce que l'intercesseur doit se tenir devant Dieu, dans sa présence. En effet, cela exige de connaitre ce Dieu, quelqu'un qui a revêtu Dieu, qui a appris à s'éloigner de l'homme et des choses, ayant appris à s'approcher de Dieu et à vivre dans sa présence ; l'intercesseur s'élève contre l'ennemi et lutte contre lui, rencontre Dieu ; c'est quelqu'un qui doit élever une haie et persévérer jusqu'à ce que la victoire soit remportée. C'est quelqu'un qui accepte de payer le prix, ce qui n'est pas facilement accepté par l'homme qui refuse de répondre à l'appel de Dieu quant à l'intercession.

MINISTÈRE INTERNATIONAL DE LA PAROLE DE VIE

QUI EST QUALIFIE POUR ETRE UN INTERCESSEUR ?

- C'est celui qui est rempli du Saint-Esprit (Ac 1.8). L'intercesseur demande à tout moment la plénitude du Saint-Esprit, car Celui-ci ne nous permettra pas d'accomplir les désirs de la chair. Il nous montrera comment intercéder, nous donnera la force et nous guidera.

- Il a la compassion des âmes « Si tu fais mourir ce peuple comme un seul homme, les nations qui ont entendu parler de toi diront : l'Eternel n'avait pas le pouvoir de mener ce peuple dans le pays qu'il avait juré de lui donner : c'est pour cela qu'il l'a égorgé dans le désert. Maintenant, que la puissance du Seigneur se montre dans sa grandeur, comme tu l'as déclaré en disant : l'Eternel est lent à la colère et riche en bonté, il pardonne l'iniquité et la rébellion ; mais il ne tient point le coupable pour innocent, et il punit l'iniquité des pères sur les enfants jusqu'à la troisième et la quatrième génération. Pardonne l'iniquité de ce peuple, selon la grandeur de ta miséricorde, comme tu as pardonné à ce peuple depuis l'Egypte jusqu'ici. Et l'Eternel dit : Je pardonne comme tu l'as demandé »(Nb 14.15-20). La compassion est le sentiment de pitié qui nous rend sensible aux malheurs d'autrui ; pitié, commisération. Cette compassion vient dans la vie de quelqu'un qui est rempli du Saint-Esprit.

- Il est en communion parfaite avec Dieu (Ps 34.16-17).

- Il est un lévite (quelqu'un qui est à temps plein au service de Dieu).

-

QUEL EST LE ROLE D'UN INTERCESSEUR ?

L'intercesseur est comme un serviteur de Dieu au service des autres, il porte le fardeau des autres à Dieu. Il veille sur les actes des autres pour les porter à Dieu, c'est un homme de droit (et cela au lieu de critiquer, il porte les actes à Dieu dans la prière) ; il a la Parole de Dieu en lui pour défendre les enfants de Dieu. C'est pourquoi l'intercesseur doit méditer beaucoup la Parole de Dieu, ce qui lui permettra de défendre les autres en rappelant à Dieu ses promesses. Donc, il rappelle à Dieu ses Ecrits pour qu'il agisse en faveur de ses enfants « il est temps que l'Eternel agisse : ils transgressent ta loi »(Ps 119.126). C'est quelqu'un qui dérange Dieu régulièrement ne Lui laissant aucun répit.

MINISTÈRE INTERNATIONAL DE LA PAROLE DE VIE

QUELLES SONT LES QUALITES D'UN INTERCESSEUR ?

1Co 11.1, Paul dit qu'on doit être imitateur de Christ ; mais l'on doit d'abord imiter son ainé dans la foi, quelqu'un qui est un modèle et qui a fait ses preuves.

a)   Imitateur de Christ : ce qui veut dire faire ce que Jésus faisait (Jn 11.32-35 – Marthe et Marie étaient amies de Jésus…)

b)   Il mène une vie de prière personnelle et collective (Mt 14.22-23 ; Lc 9.18)

c)   Il doit vivre une vie de sanctification (1Ti 2.8)

d)   Il planifie son temps de prières : un temps sacré pour lui car c'est le temps de rendez-vous avec Dieu (Mc 1.35)

e)   Il doit être disponible à la prière càd que c'est quelqu'un qui disponibilise son temps de prières (Lc 2.36-37), il est présent et permanent au temple dans la prière

f)   Il doit avoir la foi (Mt 21.18-22, Hé 11.4-). L'exemple du figuier signifie qu'on doit avoir de bonnes œuvres à tout moment, les produire pendant toute sa vie

g)   Il doit suivre les cas (1Ti 2.1-4)

h)   Il doit avoir un œil surnaturel (1Ti 2.1-4), car c'est ainsi qu'il pourra suivre qu'il verra prier pour le pays et ses dirigeants, pour tout le monde, pour la nation, les enfants de Dieu et ses serviteurs (Ep 6.19-20)

i)   Il doit être revêtu des armures de Dieu pour bien combattre (Ep 6.12-20) : la vérité comme ceinture, la justice, l'Evangile de paix, la foi comme bouclier. Casque de salut : les pensées de l'intercesseur doivent être tournées vers Jésus ; et l'épée de l'Esprit qui est la Parole de Dieu (5ème armure).

LA VIE D'UN INTERCESSEUR (Ez 33.7-9) : en tant qu'une sentinelle, l'intercesseur doit être debout, n'ayant plus droit au sommeil ; il est un rapporteur et un observateur : il veille sur la vie du monde et de l'Eglise. Ses oreilles doivent être attentives, écoutant Dieu, il est porte-parole, et vit une vie de prudence, une vie paisible c'est-à-dire il est en paix avec tout le monde, et bannit la peur, le doute dans sa vie (Ez 3.16-17, 1Ti 3.1-7). L'intercesseur doit être irréprochable ; mari d'une seule femme ou femme d'un seul mari ; sobre, exemplaire, sensé, sociable, accueillant, hospitalier, apte à l'enseignement, n'être pas adonné au vin ni violent, conciliant, pacifique, désintéressé et qui dirige bien sa maison et tient ses enfants dans la soumission. Donc, l'intercesseur doit être revêtu de toutes les armes spirituelles (Ep 6.10-20), sachant que ce sont ces armes qui le rendront capable de lutter contre le diable. L'intercesseur doit avoir un cœur pur et ne pas pratiquer le mensonge « Qui pourra monter à la montagne de l'Eternel ? Qui s'élèvera jusqu'à son lieu saint ? Celui qui a les mains innocentes et le cœur pur ; Celui qui ne livre pas son âme au mensonge, Et qui ne jure pas pour tromper »(Ps 24.3-4). L'intercesseur est toujours confronté aux attaques de l'ennemi, et ces attaques détruisent plusieurs débutants dans le ministère d'intercession. Ils se découragent et démissionnent. D'autres rencontrent une opposition si violente qu'ils ne débutent même pas le ministère d'intercession. Mais ceux qui réussissent sont ceux qui ont appris à lutter contre le diable (Ep 6.13-20). L'intercesseur doit rebâtir ce qui a été détruit d'abord dans sa propre vie avant d'intercéder pour les autres, à l'exemple de Daniel qui confessa d'abord ses propres péchés, ensuite ceux de son peuple.

Enfin, l'intercesseur doit continuer à intercéder jusqu'à ce qu'il « rétablisse Jérusalem et la rende glorieuse sur la terre », et c'est à ce moment là que sa tache prendra fin. Donc, il persévère jour et nuit, ne prenant point de repos et ne donnant à Dieu aucun relâche jusqu'à ce que ce soit fait (Es 62.1-5 ; 6-7).

Exemple de l'intercesseur Daniel (Dan 9.1-27) : ses qualifications.

1.   Il ne se plaignait pas de son sort : fait eunuque, la possibilité de mener une vie sexuelle et conjugale normale lui avait été ôtée. Et pourtant il était sans défaut corporel, beau et doué de sagesse, d'intelligence et d'instruction, capable de servir dans le palais royal, mais il était eunuque.

2.   Daniel avait été enlevé de son pays dès son jeune âge pour servir dans un pays étranger. Il avait accepté sa captivité comme un acte souverain de Dieu et savait que seul le meilleur pouvait en résulter, car il aimait le Seigneur et Dieu était en train de faire concourir toutes choses dans sa vie pour sa plus grande gloire et pour son meilleur intérêt.

3.   Il refusa de se compromettre au sujet du manger et du boire (Dan 1.5,8).

4.   Il était un homme de foi ; il a demandé que lui et les autres Hébreux qui avaient été choisis ne consomment que des légumes et ne boivent que de l'eau. Après dix jours, l'on a comparé ceux qui mangeaient seulement des légumes à ceux qui ont mangé la riche nourriture du roi. Il avait cru que Dieu agirait et c'est ce qui fut fait. En ayant foi en Dieu, il plut à ce dernier, et devint un bien-aimé du Seigneur.

5.   Daniel était un homme qui cherchait Dieu (Dan 2.17-19).

6.   C'est quelqu'un qui s'intéressait aux autres. Il fut honoré par le roi après avoir interprété le songe de celui-ci (Dan 2.48-49).

7.   Il était sans peur : il a averti le roi Nebucadnetsar et lui a dit toute la vérité sans crainte (Dan 4.24-27).

8.   Il interpréta sans crainte l'écriture de la main sur le mur et annonça la mort imminente du roi (Dan 5.16).

9.   Il était sans reproche (Dan 6.1-5).

10.   Il était celui contre qui il fallait comploter, et il ne se vantait pas (Dan 1.17 ; 6.6-9).

11.   Il accepta la punition du monde sans se plaindre, présentant son problème à Dieu et à Dieu seul (Dan 6.10) ; il était un homme de prière (trois fois par jour). Il ne faisait aucun cas de sa vie cherchant seulement à être fidèle au Seigneur….

En lisant le livre de Daniel, on se rend compte que le but de l'intercession de Daniel était de pousser Dieu à mettre fin à la désolation de Jérusalem (Dan 9.16-17). Toi et moi sommes-nous prêts intercéder pour notre pays en vue de pousser Dieu à mettre fin à la désolation de notre nation (notre ville, notre village, notre église,…) ? Donc, chaque intercession doit avoir un but précis à atteindre. Pas seulement un but précis à atteindre, mais elle doit aussi être basée sur la promesse de Dieu, car ce dernier n'agit que selon le conseil de sa volonté et en conformité ou en accord avec celle-ci (Es 43.13 ; 14.24 ; Ps 33.11). Daniel étudiait la Bible, il connaissait la prophétie de Jérémie (Jér 29.10-14) et ce que Dieu avait promis. La prière de Daniel contenait tout ce qu'il fallait pour satisfaire les exigences de Dieu, telles que : invoquer Dieu, revenir à Lui, le prier et le chercher de tout son cœur afin que la promesse de mettre fin à la captivité après soixante-dix ans puisse s'accomplir. Lire des livres qui parlent de l'intercession n'est d'aucune importance si on ne peut pas se mettre à l'œuvre si on ne pratique pas l'intercession et que celle-ci ne devient pas notre style de vie.

Comment Daniel a-t-il procédé pour intercéder ? Sachant que Dieu n'était pas obligé d'agir, Daniel procéda de la manière suivante : il utilisa des phrases qui étaient des mots de supplication (O Eternel ; O notre Dieu ; l'Eternel, notre Dieu ;…), en reconnaissant plusieurs fois leurs péchés, il exalta Dieu, mettant en opposition la fidélité de Dieu et leur infidélité, il n'a pas essayé de pallier leur péché, mais il sanctifia son Dieu. Daniel a accepté la punition comme venant de Dieu et reconnu le Seigneur comme étant leur Seigneur. Il a supplié Dieu pour que celui-ci restaure son peuple sur la base de sa grande miséricorde,… Après avoir intercédé de cette façon, son intercession fut entendue par Dieu (Dan 9.20-27).

N.B. Tout intercesseur doit savoir que Dieu est un Dieu qui s'engage à écouter et à exaucer la prière (Nb 14.20-39). Et pour toujours réussir, l'intercesseur doit se tenir sur les bases de l'amour de Dieu, sa miséricorde et sa grâce. Tout intercesseur doit savoir qu'il y a trois choses essentielles à faire pour résister avec succès au diable : 1) Se soumettre à Dieu est la première leçon que l'on apprend au camp d'entrainement spirituel. Les chrétiens qui ne se sont jamais volontairement soumis à un père digne de ce nom trouvent souvent difficile de se soumettre à leur Père céleste. Ils recherchent Dieu pour l'amour, la bonté, le pardon, et la guérison qu'il est capable de leur apporter, mais ils s'éloignent de lui dès qu'il s'agit de lui obéir et de prendre un engagement à son égard. Ils n'ont jamais vraiment accepté la réalité de la seigneurie de Jésus (1Jn 2.3 ; 5.3). Donc, notre vie de prière personnelle est le baromètre principal utilisé pour mesurer la qualité de notre relation avec Dieu. 2) S'approcher de Dieu est la seconde leçon qu'on apprend au camp d'entrainement spirituel. John WIMBER, cité par C.Peter WAGNER, dit « L'intimité avec Dieu dans la prière est le premier but de la vie chrétienne » et que Jésus est notre exemple. C'est en maintenant une relation proche avec le Père que nous expérimentons son pardon et son renouvellement, et que nous recevons la puissance nous permettant de vivre d'une manière juste. 3) Purifier ses mains et son cœur (Jc 4.8) : le fait de se purifier les mains est en rapport avec ce que nous faisons, et celui de nettoyer son cœur avec ce que nous ressentons ou pensons. Mis ensemble, ils constituent un appel à la sainteté, et celle-ci inclut autant une attitude qu'une action.

PREPARATION A L'INTERCESSION

L'intercesseur doit mener une vie de sacrifice chaque jour ; être un homme de prière ; se sanctifier ; se purifier (Ps 24.3-4). La sanctification ne juge pas mais se démontre (Mt 5.6-10), elle est le renoncement à tous les péchés.

L'intercesseur participe à toutes les séances de prière organisées au sein de l'église ; méditer quotidiennement la Parole de Dieu (Mt 4.1-11) ; lier chaque problème à un verset biblique (car Dieu est derrière sa Parole pour l'accomplir) ; prie pour l'Eglise.

L'intercesseur doit être discret (garde le secret de la confession et la révélation avant ou après son accomplissement).

L'intercesseur se prépare dans le jeune.

1.   LA PRIERE : puisque rien n'est impossible à Dieu, rien n'est irréalisable par la prière, car elle donne la permission au ciel d'envahir la terre. A travers la discipline de la prière, nous pouvons invoquer les cieux pour contenir les forces infernales. Nous devons comprendre que Dieu ne nous laissera jamais tomber, étant présent à chaque instant, il souhaite œuvrer dans notre vie. Quelqu'un a même dit : « Toutes les difficultés dans la prière sont liées à une seule cause : prier comme si Dieu était absent ». Alors que Dieu est présent à nos cotés, il vit en nous, prêt à répandre son royaume à travers nous, car « le royaume de Dieu est au milieu (au-dedans) de nous »(Lc 17.21).

La prière est la pratique de la présence de Dieu dans toute votre vie et dans toutes vos affaires. C'est la croyance en ce que Dieu est là ou vous êtes et en ce qu'il parle toujours à travers vous ; prier, c'est formuler une idée au sujet de ce que nous voulons accomplir (Dr Joseph MURPHY dans son livre : « La prière guérit »).

La prière est un parcours. On part d'une situation pour aboutir à une autre ; c'est un pont à franchir. Ce pont comprend quatre piliers pour le soutenir : la détermination, un but clairement formulé, la précision de nos demandes, et la foi. S'il en manque un, le pont s'écroule et aucun exaucement n'arrive (Mc 10). L'exemple de Bartimée dans Mc 10 est une illustration.

Qu'est-ce que la prière ?

Le pasteur Paul YONGGI CHO, dans son livre « Enseigne-nous à prier » s'est posé la même question, et a donné la réponse suivante : « C'est en résumé, un dialogue avec Dieu dans lequel nos attitudes et nos pensées sont greffées dans Ses pensées ».

Le pasteur Zacharias TANEE FOMUM définit la prière de plusieurs manières : « c'est la chose la plus importante qu'on puisse entreprendre sur terre pour promouvoir les intérêts de Dieu, de l'Eglise, de l'homme et de soi-même. C'est le rail sur lequel roule la locomotive de la puissance de Dieu. La prière est l'unique chose qui sème la confusion dans le royaume du diable »(L'art de l'intercession).

L'évangéliste Zacharie A. ADETOLA définit la prière ainsi : « Prier, c'est parler à Dieu, entrer en communion avec lui. La prière consiste à demander afin de recevoir de Dieu, notre Créateur, l'aide indispensable pour la direction de notre vie. En définitive, la prière est la vie du chrétien ; elle est même une recommandation de Dieu » (1Th 5.17 ; Ep 6.18).

Qu'est-ce qu'accomplit la prière ?

- La prière favorise notre croissance spirituelle comme rien d'autre ne peut le faire, si ce n'est l'étude de la Bible. Du reste, la prière véritable et l'étude biblique véritable marchent la main dans la main. C'est par la prière que mon péché, même le plus caché, est amené à la lumière. Lorsque, prosterné devant Dieu, je m'écrie : « sonde-moi, o Dieu, et connais mon cœur ! Eprouve-moi, et connais mes pensées ! Regarde si je suis dans une mauvaise voie… »(Ps 139.23-24), Dieu lance les rayons de sa pénétrante lumière jusqu'aux plus profonds replis de mon cœur et met en évidence des péchés insoupçonnés. En réponse à la prière, Dieu me lave complètement de mon iniquité et me purifie de mon péché (Ps 51.4) ; en réponse à la prière, mes yeux sont ouverts pour que je contemple les merveilles de la Parole de Dieu (Ps 119.18) ; en réponse à la prière, j'obtiens la sagesse pour discerner les voies de Dieu (Jc 1.5) et la force pour y marcher. Quand, dans la prière, je rencontre l'Eternel et contemple sa face, je suis transformé à son image, de gloire en gloire (2Co 3.18).

- La prière est une source de puissance pour notre travail : si nous désirons la puissance pour un travail quelconque auquel Dieu nous appelle, que ce soit la prédication, l'enseignement, la cure d'âme, ou l'éducation de nos enfants, nous pouvons l'obtenir par la prière fervente.

- La prière est efficace pour la conversion des âmes : peu de conversions s'opèrent dans le monde sans que la prière d'autrui soit intervenue. La prière réussit là ou tout le reste a échoué. Grace à la prière, des ennemis acharnés de l'Evangile sont devenus ses plus vaillants défenseurs, les pires scélérats sont devenus de vrais enfants de Dieu et les femmes les plus dégradées les saintes les plus pures. Donc, la prière a le pouvoir pour descendre chercher les hommes et les femmes tombés, au plus profond de l'abime, et les élever plus haut que les plus hautes cimes jusqu'à la communion et la ressemblance de Dieu.

- La prière est une source de bénédictions pour l'Eglise. L'histoire de l'Eglise est pleine de graves difficultés qu'il a fallu vaincre. Le diable hait l'Eglise et cherche par tous les moyens à enrayer ses progrès, tantôt par les fausses doctrines, tantôt par les divisions, tantôt par le relâchement dans les mœurs. Mais la prière fraie un chemin uni à travers toutes ces choses. La prière déracine les hérésies, dissipe les malentendus, balaye les jalousies et les animosités, supprime l'immoralité et, comme une marée, ramène le flot vivifiant de la grâce divine.

- Mais, la prière est aussi l'un des domaines que Satan utilise le plus pour amener le désastre chez les chrétiens. Ne cessons pas de prier pour autant, mais apprenons plutôt à prier de manière correcte et efficace (C. Capps, dans « Comment éviter la tragédie et vivre heureux ! »)

Frères et sœurs, nous vivons une sombre époque, mais maintenant « il est temps que l'Eternel agisse. Ils ont annulé ta Loi » (Ps 119.126). Et Dieu justement s'apprête à agir ; il écoute maintenant si la voix de la prière s'élève vers lui. S'élèvera-t-elle ? S'élèvera-t-elle de votre bouche ? S'élèvera-t-elle de l'Eglise tout entière ? Oui, je le crois fermement !

Le but de la prière, dit Gordon cité par C. Peter WAGNER, n'est pas d'influencer ou de persuader Dieu, mais d'unir nos forces aux siennes contre l'ennemi ; ce n'est non plus d'atteindre Dieu, mais bien de repousser Satan. Pour mieux vivre la prière, il nous faut observer cinq principes utiles :

a)   L'endroit : il faut choisir un endroit confortable et paisible comme lieu de prière habituel, c'est-à-dire un environnement plaisant et familier par exemple, vous serez plus naturellement et plus rapidement enclin à adopter une attitude de prière.

b)   Le temps : si on est débutant, on peut commencer par prier pendant cinq minutes et petit à petit progresser à dix, vingt, …soixante,… plusieurs heures.

c)   L'attitude : appliquez-vous à faire de votre temps de prière un élément essentiel de votre relation personnelle avec Dieu. La prière est une conversation, une union, une interaction de deux personnes « Dieu me parle et je lui parle ».

d)   Le format : on peut utiliser la prière du Seigneur (le Notre Père) comme format quotidien pour l'ensemble du temps de prière.

e)   La qualité : l'expérience montre que la qualité de la prière vient souvent à la suite de la quantité, et non l'inverse. C'est avec le temps que la qualité de votre prière viendra.

Prier, c'est demander :

« Demandez, et l'on vous donnera »(Mt 7.7-8) : en d'autres termes, demander c'est chercher et frapper à la porte. Celui qui prie doit s'attendre à recevoir, tout comme l'homme qui frappe à la porte s'attend à la voir s'ouvrir devant lui, tout comme celui qui cherche quelque chose s'attend à le trouver. C'est précisément, d'après la Parole de Dieu, en cela que consiste la véritable prière.

« Car quiconque demande reçoit » (Mt 7.8)

« Demandez, et vous recevrez » (Jn 16.24)

« Vous ne possédez pas parce que vous ne demandez pas… » (Jc 4.2-3) : ces versets nous disent bien qu'il ne s'agit pas de désirer, de convoiter, de lutter, mais de demander afin d'obtenir de Dieu une réponse à nos requêtes. Dans l'original grec, il y a deux termes différents, traduits tous deux par « demander ». L'un signifie « demander » dans le sens de poser une question (επεροτοω), l'autre (αιτεο) implique l'idée de réclamer, désirer, faire appel pour une chose que l'on veut obtenir. Ce dernier terme revient trente fois dans le Nouveau Testament, toujours traduit par « demander ».

« A combien plus forte raison votre Père qui est dans les cieux donnera-t-il de bonnes choses à ceux qui les lui demandent » (Mt 7.11)

« Tout ce que vous demanderez avec foi par la prière, vous le recevrez » (Mt 21.22)

« A combien plus forte raison le Père céleste donnera-t-il le Saint-Esprit à ceux qui le lui demandent » (Lc 11.13)

« Si vous demandez quelque chose en mon nom, je le ferai » (Jn 14.14)

Prier c'est demander, ce n'est ni l'adoration, ni la méditation, ni la louange, ni un simple exercice spirituel. Même si toutes ces choses sont excellentes et ont leur place, certes, dans la vie du chrétien ; mais elles ne sont pas à proprement parler la prière, car prier, c'est avant tout « demander ».

POURQUOI PRIER (qu'est-ce qui peut nous motiver à prier) ? A cette question cruciale, nous répondons avec Raoul MAZEL que :

-   On prie parce qu'on est dans la détresse ou dans un grand besoin

- Parce que c'est un ordre (1Th 5.17-18 ; Mt 26.41 ; Lc 18.1, 21.36 ; 1Th 3.10 ; 2Th 1.11 ; Ep 6.18 ; 1Th 5.17 ; 1Ti 2.8 ; Ph 4.6 ; 1Pi 4.7 ; 3.7 ; 1Jn 1.7).

- Parce que c'est un péché de ne pas le faire (1Sam 12.23) : la désobéissance à un ordre est un péché. Notre prière est le seul moyen que Dieu nous donne pour faire exécuter ses ordres sur la terre par son Eglise.

- Parce que nous devons suivre l'exemple de Jésus et prendre sa suite. Dieu nous appelle tous à la prière, si nous laissons le Saint-Esprit nous former à l'image de Jésus le Médiateur (Lc 6.12, 5.16 ; Mc 1.35 ; Mt 14.23 ; Lc 9.18). Jésus lui-même priait, nous pourrions nous en dispenser ? (1Jn 2.6). négliger la prière est un signe que Dieu n'a pas en nous la première place.

- Parce que les apôtres et les disciples ont aussi beaucoup prié (Ac 12.12, 1.14, 6.4, 12.5, 16.13, 11.5, 16.25)

- Parce que seuls nos frères ainés dans la foi qui ont beaucoup prié, ont obtenu des résultats ; la prière est la respiration de l'âme ; vitale pour sa santé.

- Parce que Dieu a des raisons s'il nous demande de prier (2Co 4.3-4 ; Mt 13.19, 38). Il y a deux puissances rivales qui s'exercent dans le monde : celle de Dieu et celle du malin. Notre « moi égoïste» penche souvent du coté du malin, le diable (Ep 3.10-11).

- Parce que le monde court à sa perte et que nous devons être des signes, des lumières, le sel de la terre pour la création. Dieu ne cherche pas des fonctionnaires, mais des fils et des filles. Plus nous grandissons dans la vie chrétienne, dans la foi, dans la sanctification, dans les œuvres, avec l'assistance du Saint-Esprit, plus le Saint-Esprit nous fait comprendre l'état de déchéance accélérée du monde qui nous entoure ; plus Christ se forme en nous (Ga 4.19) et plus nous prenons conscience de notre responabilité face à cette déchéance.

- Parce que la prière est le secret de la joie (Jn 16.24). Les exaucements de prières sont, on le comprend, la source parfaite de la joie : parce que nous recevons ce que nous demandons ; ils font grandir notre foi, nous remplissent de reconnaissance envers le Père et le Fils par l'assistance du Saint-Esprit et ils sont l'un des moyens les plus surs pour démontrer aux païens l'existence et la bonté de Dieu (Ph 4.4-7). L'inquiétude est un obstacle à la joie et un péché à confesser.

- Parce que la prière est le cordon ombilical qui nous relie à Dieu (Jn 3.3 ; Gen 2.24 ; Ep 4.13)

- Parce que la prière est un instrument de travail (Ps 127.1-2) : le temps passé en prière n'est jamais une perte de temps. La vraie prière facilite le travail, diminue notre fatigue, régularise nos activités, enlève les obstacles.

- Pour ne pas entrer en tentation (Lc 11.4, 21.34-36 ; 1Co 10.13 ; Jac 1.12). Nous demandons à Dieu de nous fortifier pour surmonter l'épreuve, mais pas d'enlever l'épreuve destinée à nous faire produire du fruit, exemple de Jésus à Gethsémani (Jc 1.2-4 ; 1Pi 1.6-7).

- Parce que le diable existe : il est rusé, puissant, ne s'accorde aucun repos, est sans cesse en train de comploter contre l'enfant de Dieu pour le faire tomber. Si l'enfant de Dieu se relâche dans la prière, le diable réussira à le prendre au piège (Ep 6.12-13).

- Parce que la prière est le moyen préparé par Dieu pour obtenir toutes choses et que la cause secrète de toute lacune dans notre expérience, notre vie et notre travail se trouve dans la négligence de la prière (Jc 4.2).

- Parce que les apôtres, établis par Dieu pour servir de modèle aux chrétiens, considéraient la prière comme l'affaire la plus importante de leur vie (Ac 6.2-4).

- Parce que la prière a occupé une place de tout premier plan et a joué un rôle capital dans la vie terrestre de notre Seigneur Jésus (Mc 1.35 ; Lc 6.12).

- Parce que la prière est la partie la plus importante du ministère actuel de notre Seigneur ressuscité (Hé 7.25 ; Rom 8.34).

- Parce que la prière est le moyen établi par Dieu pour nous permettre d'obtenir miséricorde, de trouver grâce et d'être secourus dans nos besoins (Hé 4.16) : nous avons besoin de la miséricorde et de la grâce, sinon toute notre vie et tous nos efforts aboutiront à une faillite totale.

- Parce que la prière est la méthode établie par Dieu lui-même pour que nous obtenions le Saint-Esprit (Lc 11.13).

- Parce que la prière est le moyen établi par Christ pour que nos cœurs ne s'appesantissent pas par les excès du manger et du boire et par les soucis de la vie (Lc 21.34-36).

- La prière est définie par Reuben A. TORREY, comme favorisant notre croissance spirituelle, c'est une source de puissance pour notre travail ; elle est efficace pour la conversion des âmes ; c'est une source de bénédictions pour l'Eglise.

2. DIFFERENTES FORMES DE PRIERES : Ep 6.18. Il y a plusieurs formes de prières dont :

- La prière de consécration : nous consacrons et engageons notre vie, pour que Dieu l'utilise, pour qu'il nous envoie ou il veut pour accomplir ce qu'il veut. C'est dans cette prière que nous disons : « Si telle est ta volonté » (Lc 22.42).

- Demandes (requêtes, mentions)

- Prière de supplications : « supplication est une requête qui vient du cœur ; ça signifie requête humble et sincère (Ph 4.6 ; Ep 6.18 ; 1Ti 2.1-2).

- Prière en langues (prière dans l'Esprit) : 1Co 14.14-15.

- Prière d'intercession : Kenneth E. HAGIN dit : pour définir l'intercession de façon succincte, nous pouvons dire qu'il s'agit de se tenir entre une ou plusieurs personnes qui se sont attirées un jugement, du fait de leurs mauvaises actions, et l'accomplissement de ce jugement. Ou plus simplement, l'intercession est la prière qui retient le jugement. Pour être efficace, l'intercession doit intervenir sous l'impulsion et la direction du Saint-Esprit.

- Prière de purification

- Prière d'adoration : Lc 24.52 ; Ac 13.1-4.

- Prière de la foi : la prière de pétition, la prière qui change les choses (Mt 21.22 ; Mc 11.24). Ce genre de prière, toujours fondée sur la volonté de Dieu révélée dans sa Parole, ne comporte jamais de « si ».

- Prière d'action de grâce

- Prière prophétique ou de décret

- Prière d'accord : Mt 18.18-20.

- Le culte familial

- La réunion de prière ou oraison : Ac 4.23-31.

- Prière par les prophéties

- Le combat spirituel

- La prière pour le prochain dans l'exercice ministériel

- La prière de confiance : déchargez-vous sur le Seigneur de tous vos soucis dans la prière (1Pi 5.7).

PREPARATIFS A LA PRIERE (D'INTERCESSION) : il y a des choses à connaitre avant d'entrer en prière, car la prière est un combat. En bon soldat de Christ, on ne va pas en guerre sans s'être préparé à l'avance en prenant des renseignements sur l'adversaire : par exemple le nombre de soldats, l'armement, les stratégies de l'ennemi, ses forces et ses faiblesses,…

a)   La priorité des priorités : la communion personnelle de l'intercesseur avec Dieu (Ps 73.28). Tout chrétien mature sait bien qu'il est en guerre, et que s'il veut conformer sa vie à la Parole de Dieu, cela ne se fera qu'au prix de sacrifices : la lutte contre son propre « moi » et de combats contre de puissantes forces d'opposition (2Ti 3.12, 11 ; Jn 16.33). Qu'il s'agisse de lutte interne ou externe, Jésus nous a assuré de la victoire ; mais il y a cependant une condition : c'est que nous ne luttions seuls avec nos propres capacités et notre volonté, mais que nous luttions avec l'appui de Dieu (Pr 3.5 ; Mt 6.6).

b)   Le culte personnel : c'est le temps d'intimité avec Dieu, l'unité avec Dieu. Quels en sont les principes pouvant nous aider ? Nous citerons les principes suivants, sans être exhaustif. Il s'agit :

1.   Principe du silence : l'intercesseur doit se taire dans la présence de Dieu pour pouvoir entendre la voix de Dieu.

2.   Principe du matin : Dieu parle à tout moment, mais dans la Bible, de nombreux versets montrent que Dieu parle préférentiellement le matin (Ps 5.4, 88.14 ; Es 50.4) ; Jésus lui-même priait le matin (Mc 1.35) ; ce peut être un rendez-vous dans le secret (Mt 6.6).

3.   Principe du ventre creux : la digestion constitue une grosse difficulté pour l'écoute (Ac 10.10).

4.   Principe de la position, d'adoration par exemple (Mc 14.35) : Jésus se prosternait contre terre. Les disciples étaient souvent à genoux (Ac 21.5 ; Ep 3.14). Ce n'est pas une loi, mais si nous sommes des adorateurs en vérité, n'est-il pas curieux que nous puissions chanter : « prosternons-nous » ou « fléchissons les genoux » en restant bien tranquillement assis ? Michelle d'ASTIER DE LA VIGERIE, dans son livre « La guerre invisible » dit : « Un vrai combat spirituel commence par l'adoration. Les louanges sont d'une importance capitale. Moise, avant d'intercéder pour le peuple hébreu, démarre par une somptueuse louange (Ex 33 et 34) puis s'incline à terre et adore. Pourquoi la louange ? Parce que dès que nous proclamons la toute-puissance, la suprématie, la majesté, la fidélité, la présence, l'amour et la gloire de Dieu, nous paralysons les forces du mal ! La Vérité divine pulvérise la puanteur du mensonge. La lumière se lève et dévoile le camp retranché de l'ennemi, dans ses recoins les plus cachés. Alors, l'état-major céleste peut préparer ses manœuvres d'encerclement ».

5.   Principe de la patience (Col 1.12) : Dieu n'est pas obligé de nous parler quand nous le désirons. Sachons rester à ses pieds comme Marie (Lc 10.39).

6.   Principe de l'assurance (Hé 4.16) : pour s'approcher du trône de grâce.

7.   Principe de la détermination (Gen 32.26) comme Jacob.

8.   Principe de la louange (Hé 13.15 ; Ps 8.3 ; Mt 21.16).

9.   Principe des priorités (2Ti 2.1)

10.   Principe de l'abandon (Gen 13.9-11) : il n'y a pas de culte personnel sans renoncement à nos propres intérêts pour adopter les intérêts de Dieu (Ep 2.10 ; Jn 21.15 ; Mt 6.33 ; 2Co 5.15).

11.   Principe de l'écoute (Mc 12.29), c'est le premier commandement ; 1Sam 3.9, voilà une priorité. Prenons le temps d'écouter, car « on donnera à celui qui a »(Mt 13.12-16), qui a des oreilles pour entendre (non-endurcies)-(Mt 11.15). Job 33.14- par la souffrance sur la couche, il avertit (Jb36.15). La communion évite souvent la correction. Mais Dieu donne le temps de se repentir et de changer de voie, c'est la raison pour laquelle on néglige, parfois l'avertissement. Dans toutes les difficultés, il faut toujours se demander : qu'est-ce que Dieu veut m'apprendre ? Il faut écouter avec l'intention d'obéir : càd donner raison à Dieu, sans discuter. Dieu ne parle pas à ceux qui n'obéissent pas. Il sait si vous obéirez. L'écoute doit être régulière, tous les jours (Ex 16.20-21) ; il faut écouter sur toutes les fréquences, toutes les gammes et tous azimut. Bien souvent, nous sommes obnubilés par un besoin particulier qui nous rend sourds à la voix de Dieu. Exemple : tu demandes un mari mais, va évangéliser en Espagne, en Italie, au Sénégal,…va prier pour ce malade. C'est peut-être ainsi

que tu rencontreras ce mari que tu cherches. Certains ont déjà leur réponse, mais courent de ministère en ministère, de lieu en lieu, jusqu'à ce qu'ils reçoivent là une réponse à leurs désirs charnels. Dieu peut alors être notre plus grand ennemi, « en nous croyant maitres de notre dessein »(Nb 22.32 ; Ex 4.24 ; Ac 27.13), nous sommes en danger. Il ne faut pas seulement écouter pour recevoir, il faut savoir écouter pour donner aux autres, oublier notre propre intérêt (1Co 12.7). Ecouter dans l'humilité ; écouter à plusieurs ou a deux dans un couple ; les frères et sœurs reçoivent le complément de notre réponse (parfois les plus petits de nos frères nous donnent la leçon de Dieu). Ecoute et patiente, Dieu ne parle que lorsqu'il le veut. Il n'est pas obligé de le faire : l'impatience égale danger d'entendre autre chose que la voix de Dieu. Ecoute à travers la Parole de Dieu et les ministères d'Ephésiens 4. Un verset bondit jusqu'à nous (RHEMA), une prophétie, un enseignement dans la lecture, une prédication dans l'assemblée.

Ecoute avec la foi que Dieu va répondre (sans légèreté, ni incrédulité). Dieu ne fait rien sans le révéler à ses serviteurs les prophètes (Am 3.7). Ne sommes-nous pas tous des prophètes et des sacrificateurs de l'Eternel (Ap 1.6) ? Il faut s'entrainer à l'écoute, développer la sensibilité à l'Esprit (1Sam 3.7, 9). Il ne faut pas avoir les oreilles « sales » : elles se salissent par les bruits du monde, les impuretés, les rythmes infernaux, conversations mondaines, blasphèmes entendus et mémorisés, … Un bon principe est d'écouter une bonne cassette de louange, ou mieux de chanter quelques louanges avant d'entrer en présence de Dieu, pour nettoyer nos pensées (Ep 5.19-20) ; d'où la nécessité de s'isoler souvent (Mt 14.23) et de conserver une écoute permanente non stop, car Dieu parle aussi en dehors de notre programme. Il faut arriver à canaliser le flot de nos pensées. En principe, pour la majorité des chrétiens, le plus difficile dans l'écoute est de rester centré sur le but d'écouter. Il y a plusieurs méthodes pour arrêter le flot des pensées : du bloc notes au système de rejeter toute pensée…, sans beaucoup de succès. Le mieux n'est pas de chasser les pensées mais de les canaliser vers le spirituel (les recentrer). Exemple : vous pensez à votre percepteur… bénissez-le et priez pour son salut. Si vous avez des pensées impures : intéressez-vous aux âmes et non au corps. Priez pour ces personnes. Si vous pensez que vous n'avez pas payé le téléphone, profitez-en pour remercier le Seigneur pour les PTT ; bénissez les employés de ce service que vous connaissez ; demandez à Dieu de vous permettre de les rencontrer pour leur salut… Agissez ainsi envers toute pensée (1Co 2.16 ; 2Co 10.5).

Utilisez aussi le principe de ne pas rester immobile, mais de se déplacer dans la pièce en priant et en proclamant la Parole à haute voix. Dans cette méthode, on échappe au risque de sommeil, mais ce n'est pas bon pour l'écoute silencieuse et peu favorable à l'entrée dans l'adoration (Paul le confirme en Ph 4.8). Prenez garde à la manière dont vous écoutez (Lc 8.18) : lorsque Dieu vous parlera de sanctification, jeune, fardeau de prière et actes d'obéissance, prenez garde de ne pas prendre les choses à la légère. Ne pas oublier que pendant ce temps d'écoute, le Saint-Esprit nous fait découvrir personnellement les « principes du Royaume »(Ex 33.11 ; Jac 2.23 ; Ps 84.6).

Les difficultés de l'écoute de Dieu sont liées à notre attitude dans l'écoute des frères (Lc 8.18). En général, celui qui croit avoir raison, n'écoute pas l'explication des autres, et il passe à coté de la vérité, de l'enseignement dont il a besoin. Nous devons être soumis les uns aux autres (Ep 5.21). Etre soumis ne veut pas dire toujours obéir aveuglément, mais être dans une attitude d'amour et d'écoute attentive, quand nos frères s'expriment pour recevoir ce que Dieu nous dit au travers d'eux.

MINISTÈRE INTERNATIONAL DE LA PAROLE DE VIE

LA PRIERE PROPREMENT DITE

Comment prier ou comment intercéder ? La Bible déclare que nous bronchons tous d'une manière ou d'une autre. C'est la raison pour laquelle la repentance est très importante avant toute prière. Prier ainsi par exemple : **« Seigneur, je te prie au nom de ton Fils Jésus pour te demander pardon pour mes péchés, mes fautes, mes transgressions, mes iniquités. Je te demande pardon pour avoir ignoré de te craindre et cru en la sagesse du monde et en ce que je croyais mon intelligence. Seigneur, je te demande pardon de tout mon cœur et je dépose maintenant le fardeau des conséquences de mes péchés au pied de ta croix. Je suis revêtu de tes armes, la foi, la vérité, la justice, le salut, le zèle, et l'épée qui est ta Parole contre le monde des ténèbres afin de t'adresser une repentance profonde pour tous les péchés que j'ai commis dans ma vie qui t'ont attristé ou mis en colère pour que cette repentance passe tous les cieux jusqu'à toi Père Eternel. Je déclare et je confesse que je regrette de tout mon cœur mes actes contraires à ta Parole et que je ne veux plus les refaire à nouveau. Je te prie pour que dorénavant tu interviennes et me recouvres du sang de ton Fils Jésus lorsque chaque tentation se présentera à moi pour que je commette des péchés et que je n'y penserai pas ou que je n'aurai pas la force de résister. Que ton Esprit Saint descende sur moi maintenant et emporte cette repentance jusqu'à toi Seigneur, je te prie de lever les sanctions de ces péchés sur ma vie et de les envoyer dans la mer de l'oubli au nom puissant de Jésus-Christ de Nazareth ton Fils, notre seul Seigneur et Sauveur, amen ! »**

Ou bien, prier ainsi :

« Seigneur Jésus, je suis un pécheur misérable et perdu, j'ai péché en pensées, en paroles, et en actes. Pardonne-moi tous mes péchés et purifie-moi. Reçois-moi, O Sauveur, et fais de moi un enfant de Dieu. Viens dans mon cœur maintenant même et donne-moi la vie éternelle à l'instant même. Je te suivrai à n'importe quel prix, comptant sur ton Saint-Esprit pour me donner toute la force dont j'ai besoin, amen ! »

Je suggère la pratique suivante :

Requête ou sujet X : l'intercesseur cherchera dans la Bible ce que Dieu a dit à propos de ce sujet ou cette requête, ce qui veut dire qu'il cherchera dans la Bible les versets relatifs à la requête ou au sujet de prière « Nous avons auprès de lui cette assurance que si nous demandons quelque chose selon sa volonté, il nous écoute. Et si nous savons qu'il nous écoute, nous savons que nous possédons la chose que nous lui avons demandée, quelle qu'elle soit »(1Jn 5.14-15). Après cette première étape qui consiste en la recherche des versets bibliques en rapport avec le sujet de prière, il faut passer à la deuxième étape : étude des versets trouvés dans la recherche et leur compréhension, c'est-à-dire qu'on devra d'abord comprendre ce que Dieu a dit à propos du problème (sujet). Tel qu'un bon soldat avant d'aller au front, prend les renseignements concernant l'ennemi qu'il va affronter, puis essayera de comparer l'armement détenu par son adversaire en vue de s'évaluer ; de la même façon, l'intercesseur devra étudier les versets trouvés, les comprendre, confesser ou méditer ces versets bibliques, ce qui suscitera la foi en lui.

Il faut passer maintenant à la composition de la prière en fonction de ce que Dieu a dit concernant le sujet ou la requête : produisez vos moyens de défense. Commencez la composition par exemple par : « Père céleste, au nom de Jésus, je te loue, je te remercie,... » « En ce jour-là, vous ne m'interrogerez plus sur rien. En vérité, en vérité, je vous le dis, ce que vous demanderez au Père, il vous le donnera en mon nom. Jusqu'à présent vous n'avez rien demandé en mon nom. Demandez, e[t] vous recevrez, afin que votre joie soit parfaite » (Jn 16.23-24), (Es 43.26 ; 41.21 ; 1.18).

Prier c'est parler à Dieu et non penser à Dieu, lui dire ce qu'il a dit dans sa Parole (la Bible). Vou[s] dites cette prière que vous venez de composer, la signez avec la date. Exemple : Lc 11.2 ; Mt 6.7 ; E[s] 30.19.

L'attente : c'est le moment de remercier le Seigneur « Ne vous inquiétez de rien ; mais en tout[e] chose faites connaitre vos besoins à Dieu par des prières et des supplications, avec des actions d[e] grâces » (Ph 4.6) parce qu'il a exaucé votre prière. Ne pas se décourager, attendre le jour de l[a] manifestation de la réponse de Dieu « Il me dit : Daniel, ne crains rien ; car dès le premier jour ou t[u] as eu à cœur de comprendre, et de t'humilier devant ton Dieu, tes paroles ont été entendues, et c'es[t] à cause de tes paroles que je viens » (Dan 10.12). Résister à Satan avec une foi ferme (1Pi 5.9). Dan[s] cette attente, vous serez en train de confesser les versets bibliques relatifs à votre problème (ce qu[i] alimentera votre foi et vous éviter le doute selon Jc 1.5-8) ; lier et chasser les démons (esprits impurs[)] (Mc 16.17). On peut terminer notre prière en intelligence par la prière en langues (Rom 8.26).

On peut encore répondre à la question du « comment prier ? », de la manière suivante :

1) Prier au nom de Jésus-Christ de Nazareth et en accord avec la volonté de Dieu. Jésus dit à se[s] disciples « Tout ce que vous demanderez en mon nom, je le ferai, afin que le Père soit glorifié dan[s] le Fils. Si vous demandez quelque chose en mon nom, je le ferai » (Jn 14.13-14). Dieu prend plaisi[r] en son Fils Jésus-Christ. Il l'écoute toujours et donc il écoute toujours aussi la prière qui lui es[t] réellement adressée au nom de Christ. Il y a dans le nom de Christ un parfum qui rend agréable [à] Dieu toute prière qui s'en réclame. Exemple : si je vais à la banque présenter un chèque portant m[a] signature, j'en demande le paiement en mon propre nom. Si j'ai de l'argent déposé dans cette banqu[e] le chèque sera honoré, sinon il ne le sera pas. Si par contre, je vais à la banque muni d'un chèqu[e] signé par une autre personne, c'est en son nom que j'en demande le paiement et peu importe que mo[i] j'aie de l'argent dans cette banque ou non. L'essentiel est que la personne qui a signé le chèque e[n] ait, le chèque sera honoré. Il en est de même quand je m'adresse à la banque du ciel, quand je va[is] auprès de Dieu dans la prière. Je n'ai là aucun dépôt. Je n'y ai absolument aucun crédit, et si je m[e] présente en mon propre nom, je n'obtiendrai absolument rien. Par contre Jésus-Christ a au ciel u[n] crédit illimité et il m'a accordé le privilège d'aller à cette banque avec des chèques signés de so[n] nom. Si donc je me présente de la sorte, mes prières seront honorées sans aucune limitation. Prier a[u] nom de Christ, c'est donc prier en me fondant non sur mon crédit mais bien sur le Sien.

Tout le monde prie au nom de ce Jésus de Nazareth, Jésus de la Bible ? Celle-ci est la Parole et l[a] volonté de Dieu révélées ; elle a été écrite sous l'inspiration de Dieu par son Saint-Esprit ; donc ell[e] est notre Autorité suprême. Hâtivement, nous pouvons répondre par l'affirmative alors que la véri[té] est autre : est-ce le même Jésus invoqué dans les sociétés secrètes, dans différentes loges, dans le[s] temples catholiques romains et leurs adhérents, dans les temples de Témoins de Jéhovah, dans ceu[x] de l'église des Saints de dernier jour (Mormons), dans les couvents « vaudou », dans les mosquée[s] dans les temples hindous, … ? J'entends des gens dire : « C'est le même Dieu que nous prions [». Chers frères et sœurs en Christ, nous ne prions pas le même Dieu avec ceux qui ne reconnaissent pa[s] la seigneurie de Jésus, qu'il est le seul Médiateur entre Dieu et les hommes, il est notre seul Sauveu[r] le seul chemin qui peut nous amener auprès du Père ; et que la Bible est la constitution du peuple d[e] Dieu car elle est à la nation ce qu'est la Bible au peuple de Dieu, c'est-à-dire que c'est un ensemb[le] de règles juridiques qui régissent les rapports entre les gouvernants et les gouvernés ; c'est alors [la] loi fondamentale de la nation, comme la Bible est la loi suprême de Dieu pour le monde car c'est da[ns] celle-ci que Dieu promulgue ses lois spirituelles, donne ses promesses éternelles et révèle le plan de rédemption de la race humaine.

Lisons les versets suivants pour comprendre ce que dit la Bible :

« Jésus lui dit : Je suis le chemin, la vérité, et la vie. Nul ne vient au Père que par moi » (Jn 14.6).

« Car il y a un seul Dieu, et aussi un seul médiateur entre Dieu et les hommes, Jésus-Christ homme, qui s'est donné lui-même en rançon pour tous. C'est là le témoignage rendu en son propre temps, » (1Ti 2.5-6).

« Quiconque va plus loin et ne demeure pas dans la doctrine de Christ n'a point Dieu ; celui qui demeure dans cette doctrine a le Père et le Fils. Si quelqu'un vient à vous et n'apporte pas cette doctrine, ne le recevez pas dans votre maison, et ne lui dites pas : Salut ! Car celui qui lui dit : Salut ! participe à ses mauvaises œuvres » (2Jn 9-11).

« Ne vous mettez pas avec les infidèles sous un joug étranger. Car quel rapport y a-t-il entre la justice et l'iniquité ? ou qu'y a-t-il de commun entre la lumière et les ténèbres ? Quel accord y a-t-il entre Christ et Bélial ? ou quelle part a le fidèle avec l'infidèle ? Quel rapport y a-t-il entre le temple de Dieu et les idoles ? Car nous sommes le temple du Dieu vivant, comme Dieu l'a dit : J'habiterai et je marcherai au milieu d'eux ; je serai leur Dieu, et ils seront mon peuple » (2Co 6.14-16). Rom 3.23, Ac 4.12 ; 16.31, Ep 2.8-9, Ap 18.4

2)   « Nous avons auprès de lui cette assurance, que si nous demandons quelque chose selon sa volonté, il nous écoute. Et si nous savons qu'il nous écoute, quelque chose que nous demandions nous savons que nous possédons la chose que nous lui avons demandée » (1Jn 5.14-15). Ce verset nous enseigne clairement que pour prier de la bonne manière, nous devons prier selon la volonté de Dieu. Alors, sans aucun doute, nous obtiendrons la chose que nous lui demandons. Mais des questions se posent : peut-on connaitre la volonté de Dieu ? Peut-on savoir si telle ou telle prière est conforme à la volonté de Dieu ? Certainement. Comment ?

-    D'abord par la Parole : Dieu a révélé sa volonté dans sa Parole. Si une chose quelconque fait l'objet d'une promesse précise dans la Parole de Dieu, nous savons que c'est sa volonté de l'accorder. Si donc, quand je prie, je puis trouver quelque promesse précise de la Parole de Dieu et placer cette promesse devant lui, je sais qu'il m'entend et, si je sais qu'il m'entend, je sais que je possède la chose que je lui ai demandée. Exemple : si je prie pour obtenir de la sagesse, je sais que c'est la volonté de Dieu de me la donner, car il le dit en Jc 1.5 « Si quelqu'un d'entre vous manque de sagesse, qu'il la demande à Dieu, qui donne à tous simplement et sans reproche, et elle lui sera donnée ». L'un des plus grands secrets de la prière victorieuse consiste à étudier les Ecritures pour trouver la volonté de Dieu révélée par ses promesses. Ensuite il faut tout simplement saisir ces promesses et les déployer devant Dieu dans la prière, en comptant d'une manière absolument inébranlable qu'il fera ce qu'il a promis dans sa Parole.

-    On peut aussi connaitre la volonté de Dieu par l'enseignement du Saint-Esprit : « De même aussi l'Esprit nous aide dans notre faiblesse, car nous ne savons pas ce qu'il nous convient de demander dans nos prières. Mais l'Esprit lui-même intercède par des soupirs inexprimables ; et celui qui sonde les cœurs connait quelle est la pensée de l'Esprit, parce que c'est selon Dieu qu'il intercède en faveur des saints » (Rom 8.26-27). Il est bien stipulé ici que l'Esprit prie en nous, et suscite notre prière dans le sens de la volonté de Dieu. Quand nous sommes ainsi conduits par l'Esprit de Dieu dans une direction précise, à prier pour tel ou tel sujet, nous pouvons le faire, étant pleinement assurés que c'est la volonté de Dieu. Ainsi obtenir à tout prix ce qu'on a demandé ; 1Jn 5.14-15.

L'intercesseur peut avoir l'assurance d'être exaucé en procédant de la manière suivante :

- Décidez ce que vous voulez obtenir de Dieu. Jacques 1.6-8 montre l'importance de la fermeté dans le choix. Il vaut mieux prier pendant deux ou trois minutes dans un but déterminé que de prier sans objectif durant deux ou trois heures.

- Lisez les Ecritures qui promettent la réponse désirée. Jos 1.8- si nous voulons réussir notre vie de prière, la Parole de Dieu doit primer. En nous nourrissant de la Parole de Dieu, nous lui permettons de s'enraciner dans notre être intérieur. Alors, nous pouvons utiliser les versets appropriés contre le diable s'il essaie de nous faire douter de Dieu, et de nous voler ce que nous désirons obtenir. Ne pas connaitre les Ecritures ou la volonté de Dieu provoque un manque d'assurance et de foi dans la prière. On espère au lieu de croire.

- Demandez à Dieu ce que vous désirez (Mt 7.7-8). Jésus nous exhorte à demander ce dont on a besoin, même si Matthieu 6.8 dit que « Votre Père sait de quoi vous avez besoin avant que vous le lui demandiez ».

- Croyez que vous recevez : Mc 11.23-24. Dans la Bible Amplifiée, ces versets se traduisent par « Lorsque vous priez, croyez et ayez l'assurance que cela vous est accordé, et vous l'obtiendrez ». Vous devez croire que vous l'avez reçu avant de l'obtenir.

- Rejetez le doute : laissez chaque pensée et désir affirmer que vous possédez déjà ce que vous demandez. Ne permettez pas que la vision d'un échec reste dans vos pensées (Jc 4.7).

- Méditez les promesses (Pr 4.20-22). Méditez constamment les promesses sur lesquelles vous basez l'exaucement de vos prières. Dieu n'agit jamais à l'encontre de sa Parole ; il a élevé sa Parole au-dessus de son nom. Si vous êtes fidèle à sa Parole, Dieu vous soutiendra (Jn 15.7).

- Louez Dieu (Ph 4.6). Faites de chaque prière une déclaration de foi et de louange plutôt que d'incrédulité.

OBSTACLES A LA PRIERE

Dieu a signalé dans sa Parole un certain nombre d'obstacles à la prière, comme nous allons le voir dans les lignes suivantes :

Premier obstacle : « Vous demandez, et vous ne recevez pas, parce que vous demandez mal, dans le but de satisfaire vos passions » (Jc 4.3). Un but égoïste prive la prière de puissance ; or, un très grand nombre de prières sont égoïstes. Ces prières peuvent bien demander à Dieu des choses parfaitement légitimes et qu'il est selon sa volonté d'accorder, mais leur motif étant foncièrement mauvais, elles tombent à terre, impuissantes. Le vrai but quand nous prions est que Dieu soit glorifié par l'exaucement qu'il accorde. Si nous faisons une demande quelconque simplement pour recevoir quelque chose qui satisfasse nos passions ou qui serve à notre plaisir d'une façon ou d'une autre, « nous demandons mal » et ne devons pas nous attendre à recevoir ce que nous demandons. Ceci explique pourquoi beaucoup de prières demeurent sans réponse.

Deuxième obstacle : « Non, la main de l'Eternel n'est pas trop courte pour sauver, ni son oreille trop dure pour entendre. Mais ce sont vos crimes qui mettent une séparation entre vous et votre Dieu, ce sont vos péchés qui vous cachent sa face et l'empêchent de vous écouter » (Es 59.1-2). Le péché fait obstacle à la prière. Plus d'un homme prie, prie, prie et n'obtient absolument aucune réponse. Peut-être est-il tenté de penser que ce n'est pas la volonté de Dieu de répondre ; peut-être pense-t-il que les temps ou Dieu répondait à la prière, si tant qu'il l'ait jamais fait, sont révolus. Donc, Esaie dit que l'oreille de Dieu est tout aussi ouverte que jamais pour entendre, sa main tout aussi puissante pour sauver ; toutefois il y a un obstacle : vos propres péchés. Quiconque veut avoir de la puissance dans la prière, doit être impitoyable à l'égard de ses propres péchés « Si j'avais conçu l'iniquité dans mon cœur, le Seigneur ne m'aurait pas exaucé » (Ps 66.18).

Troisième obstacle : « Fils de l'homme, ces gens-là portent leurs idoles dans leur cœur, et ils attachent leurs regards sur ce qui les a fait tomber dans l'iniquité. Me laisserai-je consulter par eux ? » (Ez 14.3). Les idoles dans le cœur contraignent Dieu à refuser d'écouter nos prières. Il faut savoir que tout être ou tout objet qui prend la place qui revient à Dieu, ou qui est le suprême objet de notre affection, est une idole. Dieu seul a droit à la place suprême dans nos cœurs, et toute autre personne ou toute autre chose doit lui être subordonnée. Aujourd'hui, les femmes, l'argent, les affaires, enfants .. deviennent des idoles pour certaines personnes. En ne répondant pas à nos prières, Dieu nous montre que nous avons une idole. Ainsi on recherchera pourquoi nos prières ne sont pas exaucées, nous découvrons l'idole et si nous la rejetons, Dieu nous exauce.

Quatrième obstacle : « Celui qui ferme son oreille au cri du pauvre criera lui-même et n'aura point de réponse » (Pr 21.13). L'avarice, le manque de libéralité à l'égard des pauvres et à l'égard de l'œuvre de Dieu sont autant des obstacles pouvant empêcher l'exaucement de nos prières. Celui qui donne généreusement reçoit abondamment de Dieu (Lc 6.38). Cet obstacle peut être la raison pour laquelle l'église d'aujourd'hui n'a plus de puissance, car on voit beaucoup de veuves, d'orphelins, et le démunis qui ne sont toujours pas pris en charge par l'église ; les gens dans nos églises ne veulent pas sortir pour aller donner l'Evangile à ceux qui sont encore dans le monde. Si nous voulons obtenir de Dieu, nous devons donner aux autres. Voici la promesse biblique concernant la façon dont Dieu peut subvenir à nos besoins : « Et mon Dieu pourvoira à tous nos besoins selon sa richesse, avec gloire, en Jésus-Christ » (Ph 4.19).

Cinquième obstacle : « Et, lorsque vous êtes debout faisant votre prière, si vous avez quelque chose contre quelqu'un, pardonnez, afin que votre Père qui est dans les cieux vous pardonne aussi vos offenses » (Mc 11.25). L'esprit de rancune est l'un des plus fréquents obstacles à la prière. Quiconque nourrit de la rancune à l'égard d'autrui ferme hermétiquement l'oreille de Dieu à ses propres demandes. Combien crient à Dieu pour la conversion d'un mari, d'enfants, d'amis et se demandent pourquoi leur prière n'est pas exaucée, alors que tout le problème réside en quelque rancune contre une personne qui leur a fait du tort ou même qu'ils s'imaginent leur en avoir fait.

Sixième obstacle : « Maris, montrez à votre tour de la sagesse dans vos rapports avec vos femmes, comme avec un sexe plus faible ; honorez-les comme devant aussi hériter avec vous de la grâce de la vie. Qu'il en soit ainsi, afin que rien ne vienne faire obstacle à vos prières » (1Pi 3.7). Donc, les mauvais rapports entre mari et femme sont un obstacle à la prière. La prière d'un mari est entravée parce qu'il manque à son devoir vis-à-vis de sa femme, et il est indubitable également que la prière de plus d'une épouse est entravée par ses manquements vis-à-vis de son mari. Les relations réciproques entre un mari et une femme sont très importantes dans la mesure où elles peuvent être un grand obstacle de leur prière.

Septième obstacle : « Si quelqu'un d'entre vous manque de sagesse, qu'il la demande à Dieu, qui donne à tous simplement et sans reproche, et elle lui sera donnée. Mais qu'il la demande avec foi, sans douter ; car celui qui doute est semblable au flot de la mer, agité par le vent et poussé de coté et d'autre. Qu'un tel homme ne s'imagine pas qu'il recevra quelque chose du Seigneur » (Jc 1.5-7). L'incrédulité entrave la prière. Dieu exige que nous croyions sa Parole d'une façon absolue ; la mettre en doute c'est le faire menteur. Nous allons à Dieu, nous lui demandons une chose qu'il a positivement promise dans sa Parole et nous ne nous attendons qu'à moitié à l'obtenir. « Qu'un tel homme ne s'imagine pas qu'il recevra quelque chose du Seigneur ».

Nos échecs, c'est-à-dire ce qui nous empêche d'obtenir le résultat désiré ou escompté, sont toujours le manque de foi dans la loi de l'accroissement. Si nous plantons une graine dans la terre, elle va germer. Lorsque nous désespérons, nous souciant, nous tracassant, donnant prise à l'inquiétude, nous nions (ou annulons) en fait la puissance germinatrice de l'idée implantée dans notre esprit. Notre doute et notre crainte sont des pensées qui font opposition à notre désir et, si nous nous y complaisons, vont neutraliser l'idée première et la désintégreront complètement. Il faut éliminer ces pensées négatives de doute et de crainte qui auront pour seul résultat précisément le contraire de ce pour quoi nous prions.

Prière : « Dieu le Père, dans le nom de Jésus, je ferme toute porte démoniaque qui aurait été ouverte pour faire obstacle à ma vie de prière. Je lie les soucis du monde et l'orgueil de la vie. Léviathan est lié loin de mon cou et Béhémoth n'a pas de place en mon sein. Fierté et séduction sont mes ennemies et non mes amies. Je brise toute alliance de ténèbres qui se serait conclue à l'encontre de l'appel de Dieu que j'ai reçu. Me voilà libéré de toute impureté qui se serait immiscée dans les couloirs de ma vie spirituelle.

Je renonce à tout ce qui ligoterait mon âme et m'éloignerait de ma mission d'intercesseur. Je lie au mur toute distraction financière, émotionnelle, physique, relationnelle et professionnelle qui m'empêcherait de passer des moments d'intimité avec Dieu et de mener à bien ma mission d'intercesseur.

J'ai en partage la discipline spirituelle du Seigneur. L'Esprit est descendu sur moi pour que je me tienne sur la brèche. Je prends la place qui me revient et me poste sur le rempart. Je maudis les esprits de Sanballat et de Tobija. Je déclare que je ne tomberai pas du rempart. Je suis un bon ouvrier du Seigneur.

Seigneur, montre-moi les personnes, les lieux ou les choses qui ont été placées de façon stratégique sur ma route pour m'empêcher de voir, boucher mes oreilles et fermer ma bouche dans l'Esprit. J'invoque le sang de Jésus sur mes yeux, mes oreilles et ma bouche. Ils vont être utilisés par Dieu dès à présent.

Seigneur, merci de m'aider à faire des prières qui portent leurs fruits et sont efficaces. Toute la création attend la manifestation des fils et des filles de Dieu. Je ne vais pas la faire attendre. J'ai été créé pour entretenir une relation personnelle avec Dieu, pour me tenir sur la brèche, pour occuper le rempart et pour ériger la clôture. Je prends conscience que mes prières sont capables de transformer ma famille, ma ville, ma nation. Je sais que des âmes peuvent être perdues si je ne me montre pas obéissant dans la prière. Je ne vais pas passer à coté de l'appel de Dieu ; je me repends de céder à la paresse de la chair. A partir de maintenant, je soumets ma vie de prière au Saint-Esprit, amen !

COMMENT PRIONS-NOUS ?

Parfois, nous prions mal. Alors que prier de la mauvaise manière ouvre la voie au malheur. Par exemple, beaucoup de personnes souffrent toute leur vie à cause de prières telles que : « Oh Dieu ! Quel que soit le prix à payer, je désire que tu m'amènes là ou je dois être ». Prier ainsi, c'est inviter le diable, car tout ce qui peut arriver de mal est alors accepté comme venant de Dieu. Beaucoup de chrétiens souffrent inutilement à cause de prières néfastes. Exemple : « Seigneur, je suis prêt à souffrir n'importe quoi afin de me rapprocher de toi ». Charles CAPPS appelle de telles prières, des prières à ouvertures béantes par lesquelles Satan pénètre et apporte les ennuis et même les tragédies.

Dieu n'a besoin que de notre obéissance à sa Parole, car le Saint-Esprit et la Parole sont tout à fait capables de nous amener là ou Dieu nous veut : ils n'ont pas besoin de l'aide du diable. On peut prier pour les résultats désirés, pour être conduit par le Saint-Esprit, pour être transformé par la Parole de Dieu, mais si l'on ne maitrise pas les paroles qui sortent de notre bouche, la prière n'amènera aucun changement.

La prière pour la guérison est quasi inutile si l'on n'arrête pas de confesser la maladie ; et que la prière pour la prospérité sera sans effet si l'on confesse continuellement qu'il ne nous arrive jamais rien de bon. Parce que nos paroles annuleront nos prières et que nos mauvaises prières détruiront notre foi. La Bible dit que la prière de la foi sauvera le malade et que le Seigneur le relèvera (Jac 5.15). Ceci étant vrai, le principe opposé existe nécessairement puisqu'il y a, sur la terre, deux forces qui s'opposent : l'Esprit de Dieu et l'esprit du mal. Si la prière de la foi sauve le malade, la prière du doute le détruira. Ca c'est une déclaration hardie, mais elle est vraie. Donc, nous pouvons nous détruire par notre mauvaise façon de prier ; car la prière libère des forces spirituelles. Quand elle est en accord avec la Parole de Dieu, elle met les forces divines en action, mais quand elle est remplie de crainte, de doute et d'incrédulité, elle met en action les forces de l'ennemi de nos vies. En Marc 11.23, Jésus établit un principe : « En vérité, je vous dis, si quelqu'un dit à cette montagne : Ote-toi de là et jette-toi dans la mer et s'il ne doute point en son cœur mais croit que ce qu'il dit arrive, il le verra s'accomplir ». Ici, Jésus ne dit pas que cela arrivera à l'instant meme, mais que « tout ce qu'il aura dit arrivera ». C'est un principe spirituel : ce n'est pas un verset pour la prière, mais un principe de foi. Nous pourrions l'appeler la **loi de la foi**. Jésus continue par les mots « C'est pourquoi », ce qui signifie « à cause de ce que je viens de dire ». Le principe « tout ce qu'il aura dit ; il le verra s'accomplir » s'applique donc à la prière. « C'est pourquoi je vous dis : tout ce que vous demanderez en priant, croyez que vous l'avez reçu et vous le verrez s'accomplir (Mc 11.24). De quel « **le** » parle-t-il ? « Ce » que vous avez prié ! (Je sais que ce n'est pas une phrase correcte, mais je veux que vous compreniez ce verset). Je vais le paraphraser : la loi de la foi dit qu'un homme aura tout ce qu'il dit s'il ne doute pas en son cœur mais qu'il croit que ce qu'il a dit s'accomplira. Ainsi cette loi s'appliquera également à la prière.

Si vous priez **le problème**, la situation empirera. Si vous priez **la réponse**, le problème se résoudra. En somme, Jésus dit que ce que nous disons s'accomplira, même en priant. Il ne reste plus à Satan qu'à tordre nos paroles afin que nous priions le problème. « Seigneur, l'argent n'est pas rentré. On va tout perdre. Seigneur, on n'arrivera jamais à rembourser ». Le principe qui agira ici est : vos paroles pénètrent dans votre esprit et votre être spirituel les reçoit. La Parole de Dieu, c'est la volonté de Dieu à l'égard de l'homme. Les paroles de l'homme devraient être sa volonté à l'égard de Dieu. Jésus dit : « Que votre parole soit oui, oui, non, non ; ce qu'on y ajoute vient du malin » (Mt 5.37). En d'autres termes, dites ce que vous désirez voir arriver, et ne dites pas ce que vous craignez de voir arriver. La ruse de Satan, c'est d'avoir amené le Corps de Christ à prier ses craintes au lieu de prier sa foi.

La foi et la peur sont deux forces contraires. Mettons-les en parallèle. « Or la foi est une ferme assurance des choses qu'on espère, une démonstration de celles qu'on ne voit pas » (Hé 11.1). La foi est la ferme assurance des choses qu'on espère ; c'est, selon le terme grec, la substance même des choses qu'on désire. Le constat est que la peur est diamétralement opposée à la foi. La foi vient de l'écoute de la Parole de Dieu. La peur vient de l'écoute de la parole du diable.

Si la foi est la substance des choses qu'on désire, la peur est la substance de celles qu'on ne désire pas. La foi comme la peur en amèneront l'accomplissement. La peur est la marche arrière de la foi, la partie mauvaise de l'arbre de la bénédiction et de la malédiction.

Bien-aimé, peut-etre que tu te poses encore la question de savoir pourquoi Dieu a permis que les choses soient ce qu'elles sont sur la terre. La réponse est que Dieu n'a rien à voir à tout cela ; dans la mesure ou il a mis l'arbre dans le jardin et a placé Adam devant un choix après lui avoir donné toutes les explications nécessaires ; et qu'au lieu de faire le bon choix, l'Homme a choisi le mal : le faisant, il a perdu le contrôle de sa langue et ses paroles se sont tournées contre lui-même.

La peur vient de l'écoute des paroles du diable qu'on médite. Elle est la force qui produit ce qu'on ne veut pas voir nous arriver. La solution est de lui résister comme on résiste au diable, l'arrêter au nom de Jésus et la Parole de Dieu dans notre bouche : « Je te chasse et t'ordonne de t'en aller au nom de Jésus ».

Selon Jn 10.10, « le voleur ne vient que pour dérober, égorger et détruire », ce qui revient à dire que Satan est celui qui nous vole nos vies, notre santé, nos biens,…. A l'exemple d'un sportif qui a prié : « Seigneur, que je sois blessé ou non, mon amour pour toi ne changera pas ». Effectivement, pendant le match, ce sportif s'est fait une déchirure musculaire qui l'a privé de jeu pendant plusieurs mois. Pourquoi ? Parce que sa manière de prier était mauvaise : par son ignorance, il avait ouvert la porte au diable (lui qui rode autour de nous cherchant qui il va dévorer).

Quelqu'un d'autre priait : « Seigneur, je suis prêt à donner ma vie, pourvu que ma famille soit sauvée », ignorant que cela était une occasion d'inviter le diable.

Quelques exemples de mauvaises prières :

1. « Seigneur, je renonce à tout, sauf à mon mari, afin d'être plus prêt de toi »
- « Seigneur, je renonce même à mon mari afin de mieux te connaitre ».

Paul dit : « Ne donnez pas accès au diable » (Ep 4.27). Par son ignorance, cette chrétienne a ouvert la porte au diable. Même si sa volonté de tout abandonner, y compris son mari, est admirable, elle est totalement en contradiction avec les Ecritures. Sans s'en rendre compte, cette sœur offrait un sacrifice humain : son mari ; et trois mois après, son mari est décédé. JESUS est le seul sacrifice qui soit agréable à Dieu et qu'on n'a plus d'autre sacrifice nécessaire à offrir. Jésus est mort pour nous et pour toute l'humanité. Donc, offrir sa vie sur l'autel en sacrifice pour un bien-aimé est de l'idolâtrie ; même si la Bible nous dit d'offrir nos corps comme un sacrifice à Dieu, mais c'est un sacrifice vivant et non un sacrifice mort. Je répète : le seul sacrifice qui soit nécessaire pour nous rapprocher de Dieu a déjà été offert : c'est Jésus.

2. Un couple avait une entreprise prospère, l'épouse était née de nouveau pendant que le mari n'avait toujours pas accepté Jésus dans sa vie. La femme pria ainsi : « Seigneur, quelque soit le prix à payer, je veux que mon mari soit sauvé. Je suis prête à renoncer à tout ce qui nous appartient pour le salut de mon mari ». L'abnégation de cette dame n'était pas nécessaire même si elle était admirable ; c'est de l'idolâtrie. Elle essayait de troquer leurs biens contre le salut de son mari. On ne marchande pas avec Dieu : il n'y a qu'un seul chemin, c'est par Jésus. Elle avait offert son sacrifice. Quelques mois plus tard, l'entreprise commençait son déclin qui se termina en faillite. Cette chrétienne a témoigné que son Dieu a exaucé sa prière car son mari venait d'accepter Jésus comme Seigneur et Sauveur personnel. C'est merveilleux que cet homme ait accepté Jésus, mais il pourrait être sauvé sans perdre son entreprise. La Bible dit : « Tout ce que vous demanderez en priant, croyez que vous l'avez reçu, et vous le verrez s'accomplir ». Cette dame aurait pu prier ainsi : « Père, dans le nom de Jésus, envoie tes ouvriers auprès de mon mari pour qu'ils lui donnent Ta Parole. Que tes anges veillent à ce qu'il rencontre les personnes qu'il faut. Je reste ferme sur Ta Parole dans le nom de Jésus et je crois qu'il est sauvé et rempli du Saint-Esprit. Je ne me laisserai pas ébranler ni par ce que je vois, ni par ce que je ressens ou entends. Par le regard de la foi, je le vois sauvé ». Jésus dit : « Tout ce que vous demanderez avec foi par la prière, vous le recevrez » (Mt 21.22). Peut-on dire que Dieu a répondu aux prières de cette femme ? Est-ce Lui qui a volé les biens de ce couple et les a utilisés comme sacrifice ou qui s'est laissé soudoyer en vue du salut du mari de cette dame ? La réponse est négative. Cette femme a tout simplement invité le diable dans leur entreprise, et c'est ce dernier qui a tout volé jusqu'à mettre l'entreprise par terre (en faillite). Faisons attention à nos prières. N'ouvrons pas la porte au diable, ne l'invitons pas à travers nos prières irréfléchies, inspirées par l'échec ou l'apitoiement sur nous-mêmes ; mais appliquons les principes que donne la Bible et notre famille sera sauvée sans avoir à souffrir inutilement. Ce ne sont pas les difficultés et les ennuis de ce monde qui nous poussent à la repentance, mais bien la bonté de Dieu (Rom 2.4).

Si tu pries le problème, tu auras ce que tu dis. Pourquoi cela ? Parce que le cœur produit aussi bien la peur que la foi, tout dépend de ce qu'on y dépose. En priant, nous devons croire à ce que nous disons. Si nous prions le problème, nous allons y croire plus que nous ne croirons en la solution. Ce n'est pas à dire qu'on nie l'existence du problème, mais nous faisons ce que Jésus a dit de faire : dans nos prières, nous disons la réponse ; car Jésus a dit de demander tout ce que nous désirons.

Bien-aimés, arrêtons avec des prières irréfléchies, qui ouvrent la porte au diable et que nous en subissons les conséquences ; mais mettons un terme à ce que nous avons dit d'irréfléchi dans nos prières. Voici comment prier maintenant :

« Père, dans le nom de Jésus, la révélation de la Parole m'a éclairé. Je crois en ce que dit ta Parole et à partir de maintenant, je prierai mes désirs. Quant aux problèmes, je leur résisterai, et m'adressant à eux, je leur recommanderai de s'en aller.

Père, je me repens de toutes les prières irréfléchies que j'ai faites, et de toutes les mauvaises choses que j'ai mises en action contre moi. Au nom de Jésus, je brise le pouvoir de toutes les paroles irréfléchies que j'ai prononcées. Aucun malheur ne m'arrivera. Aucun fléau n'approchera de ma demeure. Tu as ordonné à tes anges de me garder dans toutes mes voies. Sur mon chemin, il y a la vie et non la mort. Je mets la Parole de Dieu en pratique et je suis béni dans toutes mes activités.

Au nom de Jésus, j'arrête toutes les forces qui ont été mises en action à cause de mes paroles irréfléchies.

Je te demande pardon et je reçois maintenant ton pardon. Je mettrai une garde à ma bouche et ne dirai que ce qui édifie. Je ne laisserai sortir de ma bouche aucune parole mauvaise, que ce soit en priant ou en parlant. Je ne dirai que ce qui sert à l'édification et communique une grâce à celui qui l'entend. Je n'attristerai pas le Saint-Esprit de Dieu.

Maintenant Père, dans le nom de Jésus, je déclare que je suis délivré du pouvoir des ténèbres. Je demeure dans la liberté et marche dans la victoire que me donne le Seigneur Jésus-Christ parce que celui qui est en moi est plus grand que celui qui est dans le monde.

Qu'il en soit ainsi, au nom de Jésus !

BRIEFING AUX INTERCESSEURS

Avant d'aller en guerre, l'on a besoin de connaitre l'ennemi : ses stratégies et ses tactiques, ses forces et ses faiblesses, bref ce qu'il est réellement pour qu'on puisse prendre les mesures stratégiques et tactiques appropriées en vue d'une victoire dans le nom puissant de Jésus-Christ, notre Commandant suprême.

La mort de Jésus à la Croix a été la proclamation d'émancipation de la race humaine. Toutefois, deux mille ans plus tard, des multitudes de gens ne sont toujours pas sauvés, et d'énormes segments de la population mondiale vivent dans des conditions sociales désastreuses. Si tu souhaites voir, dans ton propre pays, les victimes de ces injustices sociales recevoir leur juste liberté, tu tiens également à ce que les victimes de l'oppression de Satan dans le monde soient libérées de ses griffes cruelles. Cependant, pour pouvoir accomplir ces deux choses, il ne suffit pas de regarder à ce qui a été réalisé dans le passé, il y a deux mille ans. Le mal est trop important et trop agressif. L'Eglise est trop souvent réactive dans sa réponse à ce flot. Le rôle des rachetés consiste plutôt à être courageusement « proactifs » , à inventer et mettre en œuvre des stratégies qui soient pénétrantes et contribuent à atténuer l'influence du mal. Si tu reconnais que tu fais partie des Rachetés de Dieu, donc, tu dois te lever pour intercéder en faveur de ce monde qui se meurt.

Que dois-tu savoir avant de te lever ? L'intercession est un combat. Combat contre les forteresses qui sont dispersées dans le monde entier. Qu'est-ce qu'une forteresse ? 2Co 10.3-5 - c'est un bastion spirituel ou une puissance peut agir librement, lequel bastion existe dans les modes de pensée, les opinions, les idées qui gouvernent les individus et les églises, les communautés et les nations. Paul définit « forteresse » comme tout argument et toute hauteur qui s'élèvent contre la connaissance de Dieu. C'est le bastion spirituel dans lequel s'abritent en toute sécurité Satan et ses agents. Nous iterons éventuellement :

1. L'esprit d'infirmité qui affecta une croyante du Nouveau Testament (Lc 13.11), une fidèle servante à la synagogue. Bien que fille d'Abraham, des démons détérioraient sa santé. Cet esprit pourra générer, par exemple, divers troubles dans l'organisme, des attaques à l'encontre de l'identité masculine ou féminine, des allergies ou encore d'étranges syndromes.

2. L'esprit de timidité (2Ti 1.7). Voici quelques exemples : la peur, l'angoisse, le sentiment d'infériorité, l'impression d'être inadapté, l'inquiétude, la tendance à critiquer, la tension et les craintes en tous genres.

3. L'esprit de python, aussi appelé divination (Ac 16.16-18). La rébellion, la sorcellerie, les pratiques occultes et la magie noire découlent de cet esprit. Des malédictions accompagnent l'usage de ces pratiques.

4. L'esprit d'immoralité sexuelle, appelée prostitution (Os 4.12). Luxure, adultère, pornographie, viol, inceste, orgueil et amour du monde sont caractéristiques de ce démon. L'addiction sexuelle est également un résultat de cet esprit pervers (Os 5.3).

5. L'esprit qui rend débiteur ou esclave et accompagne généralement la peur (Rom 8.15). Les addictions, la boulimie, l'anorexie, les relations mauvaises et de dépendance et les autres troubles possessionnels sont accrus par cet esprit mauvais.

6. L'esprit d'orgueil, généralement accompagné de rébellion (Pr 16.18-19). La fierté, le mépris, la moquerie, l'obscénité, l'égocentrisme, les préjugés, l'arrogance, le commérage et la médisance sont autant de manifestations de cet esprit mauvais (Eccl 7.8).

7. L'esprit de perversion (Es 19.14). L'homosexualité, la perversion sexuelle et les activités contre nature sont incitées par cet esprit.

8. L'esprit de l'antéchrist (1Jn 4.3). Ce démon s'approprie la gloire de Christ ; il nie ses dons surnaturels pour les attribuer à Satan ; il s'oppose aux véritables ministères, les persécute et les divise.

9. L'esprit d'abattement ou de dépression (Es 61.3). Dépression, deuil insurmontable, désespoir, désespérance et envies de suicide découlent de cet esprit maléfique.

10. L'esprit de mensonge (1R 22.22 ; Mich 2.11), l'un des outils préférés de Satan (1Jn 4.6). Mécréance, supercherie, compromis, rationalisation, sectes, flatterie et légalisme proviennent de cet esprit qui divise.

11. L'esprit de jalousie, destructeur des relations (Nb 5.14). Jalousie, colère, rage, cruauté, suspicion, compétition anormalement acharnée, sentiment d'insécurité, divorce et division surviennent quand on laisse cet esprit agir.

12. L'esprit d'assoupissement (Rom 11.8). La fatigue constante, la passivité, l'oisiveté, l'impression d'être inutile et l'apitoiement sur soi définissent ce démon. Autorisé à prendre les commandes, cet esprit empêche la réussite et n'apporte que lassitude dans la vie (Es 29.10).

13. L'esprit mauvais (1S 16.14-23 ; Ac 19.15-16).

14. L'esprit de Cyrus, roi de Perse (2Chr 36.22)

15. L'esprit abattu (Pr 17.22, 18.14)

16. L'esprit d'Egypte (Es 19.3)

17. L'esprit destructeur (Jér 51.1)

18. L'esprit des rois de Médie (Jér 51.11)

19. Le propre esprit de l'homme (Ez 13.3)

20. L'esprit d'impureté (Zac 13.2)

21. Un esprit de démon impur (Lc 4.33)

22. Un esprit impur/ un esprit sourd et muet (Mc 9.25)

23. Un esprit de divination (Ac 16.16)

24. L'esprit de luxure (Rom 1.24)

25. Un esprit de servitude (Rom 8.15)

26. L'esprit de l'homme (1Co 2.11)

27. L'esprit du monde (1Co 2.12)

28. L'esprit des démons (1Co 10.20-21)

29. L'esprit qui agit dans les fils de la rébellion (Ep 2.2)

30. L'esprit du diable (Ep 6.11-12)

31. L'esprit séducteur (1Ti 4.1)

32. L'esprit de l'erreur (1Jn 4.6)

33. … etc

Cette liste n'est pas exhaustive, mais donnée à titre informatif. Comment l'intercesseur doit-il s'y prendre ? L'intercesseur doit d'abord s'armer (Ap 12.11) : trois armes, à savoir le Sang de Jésus Christ qui annule le droit qu'a Satan de nous opprimer. La Parole de leur témoignage : considérez la Parole de Dieu comme une épée et dégainez-la de votre bouche à l'encontre de l'ennemi. La vérité vous délivrera. Une vie soumise à Christ. Vous pouvez vous approprier l'ensemble des armes de Dieu pour capturer toutes les pensées de l'ennemi et les terrasser. Nous confessons le Sang rédempteur, le témoignage du croyant armé et son abandon à la volonté de Dieu. Satan tremble devant le croyant doté des armes de Dieu.

Prière : Seigneur Jésus, je place ce qui suit sous ton Sang et par conséquent, hors de portée de tous les démons envoyés pour les attaquer : ma volonté, ma pensée, mes sentiments, ma famille, mes finances, mon corps, mon ministère, mon travail, les Autorités de mon pays, les serviteurs de Dieu, …

Huit étapes peuvent vous conduire au démantèlement des forteresses :

-S'assurer d'avoir professé que Jésus-Christ est votre Seigneur et Sauveur ;

-Comprendre bien que Dieu seul est capable de démanteler une forteresse ;

-Identifier la ou les forteresses en question ;

-Confesser tous les péchés en rapport avec cette forteresse ;

-Rendre grâces à Dieu pour son pardon et sa victoire sur cette forteresse ;

-Visualiser la destruction ;

-Demander à Dieu de vous libérer des influences diaboliques associées à la forteresse ;

-Offrir quelque chose à Dieu en retour.

Après cela, vous devez posséder le territoire réclamé. Proclamez que vous n'êtes plus affecté par la forteresse en question et proclamez la plénitude de Dieu. Abandonnez les péchés qui vous réduisaient à l'esclavage et nourrissez votre esprit de l'Ecriture afin d'affermir votre victoire.

Je voudrai terminer par l'exposition de trois esprits, en guise d'illustration sans en moi la prétention de me présenter comme un spécialiste de ce domaine.

Il s'agira de parler de l'esprit de Jézabel, l'esprit d'adultère et celui de fornication, trois esprits très dangereux pour les groupes de prière (ou les intercesseurs) et qui sont en train de détruire des familles et des assemblées entières.

1.- L'ESPRIT DE JEZABEL (1Ti 4.1-2) : tout celui qui a les yeux spirituels se rend compte que toutes les conditions sont pratiquement réunies pour que chaque enfant de Dieu se prépare à la rencontre avec le Père car nous vivons indéniablement les dernières heures avant le retour glorieux de notre Seigneur Jésus-Christ. Les catastrophes naturelles, des crises politico-économiques et morales frappent les nations aujourd'hui plus qu'hier. En plus de cela, un esprit terrible est en train de ravager les milieux évangéliques et chrétiens en général, appelé « esprit de Jézabel », un esprit religieux et prophétique puissant, et séduisant. Il séduit les enfants de Dieu et particulièrement ceux qui ont la charge du troupeau.

Princesse d'origine sidonienne et femme du roi Achab, Jézabel était une grande adoratrice de Baal, le dieu de la pluie. Sidon, le fondateur de la ville portant son nom, était le fils ainé de Canaan, petit fils de Noé. Or Noé avait maudit Canaan et cette malédiction tomba aussi sur Sidon qui était le premier-né de Canaan (1Chr 1.13). Lév 18 parle des conséquences de la malédiction de Noé : l'homosexualité, l'idolâtrie, l'inceste, la prostitution, la divination et la rébellion. En tant que descendante des Cananéens, Jézabel était elle aussi maudite (2 R 9.31-34). La maudite Jézabel devait être une esclave des descendants de Sem, c'est-à-dire des juifs. Mais au lieu d'être l'esclave des hébreux selon la prophétie de Noé, Jézabel s'organisa pour être leur princesse et leur chef, et s'accapara du pouvoir et domina totalement son mari Achab qu'elle initia aux pratiques occultes et introduisit officiellement en Israël le culte de Baal et d'Astarté. Elle a aboli le culte de Yahvé qu'elle a remplacé par celui de Baal et d'Astarté, et a tué les prophètes de l'Eternel, a combattu le prophète Elie et a pris la direction de tout le pays d'Israël ; et a organisé le meurtre de Naboth afin de s'accaparer de son héritage pour le donner à son mari Achab (1R 21.1-22). A cause de ses forfaits et ses violations de la loi morale, « les chiens dévoreront Jézabel près du rempart de Jezréel », tel fut le jugement de Dieu contre cette femme. Jézabel est un esprit de prostitution et d'idolâtrie : elle amène les gens à la prostitution tant spirituelle que physique (Mc 10. 11-12). L'idolâtrie se caractérise par exemple par la consommation des viandes sacrifiées aux idoles (Ap 2.20). La prostitution se traduit aussi par la divination, l'astrologie, la magie, l'enchantement, le spiritisme (Es 8.19), les diseurs de bonne aventure, la nécromancie et l'augure (De 18.9-14). La statue de Nebucadnetsar représente la religion ou l'église animée de l'esprit de Jézabel, qui contraint les hommes à rendre un culte à une statue, ouvrage fait de mains d'hommes. Jézabel aime le culte de la personnalité et amène les gens à se focaliser sur elle et à dépendre d'elle. Cet esprit affecte aujourd'hui des églises et amène les chrétiens à rendre un culte à leurs dirigeants.

L'influence de Jézabel se poursuit aussi avec le culte de l'image : la télévision, l'internet, la photographie,…Beaucoup de chrétiens sont idolâtres de ces nouvelles technologies et pour la plupart, ils ignorent qu'ils adorent ainsi la Bête et son image (Ap 13.15). Sachez que Jézabel, l'esprit de séduction et d'idolâtrie, possède un lit dans lequel elle attire ses victimes, commet ses adultères physiques et spirituels avec les victimes qu'elle a séduites. Plusieurs serviteurs de Dieu finissent malheureusement dans son lit (Pr 7.16-20 - caractéristiques du lit de Jézabel).

Les femmes étrangères ayant l'esprit de Jézabel égarèrent Salomon loin du Seigneur Yahvé et de ses commandements (1R 11.1-10). L'ange de l'église de Thyatire était aussi séduit par l'esprit de Jézabel et plusieurs chrétiens de cette ville commettaient la fornication dans son lit (Ap 2.22), comme les saints de l'église de Corinthe (1Co 6.15-18). Dans ce passage, la prostituée est à la fois Jézabel et le système religieux. Jézabel instaure sa propre religion, ses propres prophètes et son culte. Pour comprendre la déviation de beaucoup d'églises et de ministères, pourtant appelés par Dieu, nous devons aller à la source, c'est-à-dire à Babylone. Il nous faut traiter les problèmes à la racine et non à la surface.

A part le lit, Jézabel a aussi une table (1R 18.19). Cette femme est une entité religieuse représentée par la « Grande Ville » ayant la Royauté sur les rois de la terre (Ap 17.1-6), c'est-à-dire le Vatican ou l'Eglise Romaine. Elle a réussi à enivrer tous les rois de la terre. Pour séduire les serviteurs de Dieu, cette femme leur fait boire le vin de la débauche contenu dans sa coupe d'or (Ap 17.1-2 ; 1Co 10.20-22). Ce vin représente les fausses doctrines et le péché qui a pris place au sein de la majorité des églises. Ce vin peut représenter aussi le matérialisme qui séduit de plus en plus les dirigeants chrétiens.

L'église de Laodicée mettait l'accent sur la richesse du monde. Des milliers de chrétiens pensent que la richesse matérielle et financière est le signe d'une vie spirituelle épanouie. De nombreux pasteurs veulent être influents, posséder beaucoup d'argent et accumuler des biens matériels. Ils véhiculent de messages très subversifs axés sur le matériel, polluent les cœurs de fidèles et leur transmettent l'amour du luxe (le luxe est le caractère de ce qui est couteux, raffiné, somptueux ; c'est un environnement constitué par des objets couteux ; une manière de vivre couteuse et raffinée). Ceux qui ont le gout du luxe aiment faire des dépenses somptueuses et superflues dans le but de s'entourer d'un raffinement fastueux par pure envie de l'ostentation. Or le luxe est l'objet de désirs de Babylone (Ap 18.3, 7,9). Les grandes figures de l'évangile de prospérité aux Etats-Unis, en Afrique et même en France, affichent sans honte leurs voitures de luxe, leurs villas, leurs jets privés, leurs meubles, leurs vêtements, leurs bijoux et laissent ainsi croire que Dieu les a bénis alors qu'ils ont perdu la vision du Seigneur depuis longtemps ; ils refusent de mettre cet argent dans le royaume de Dieu en aidant les veuves, les orphelins, les étrangers, les pauvres,… bref les nécessiteux qui sont dans l'église ; refusent de financer les missions, la publication d'ouvrages chrétiens, la formation des ministres de Dieu, mais ils amassent ces trésors terrestres pour satisfaire leur égo. Pire encore, pour maintenir leur train de vie fastueux, ils n'hésitent pas à déformer l'Evangile et à prêcher des hérésies ou de fausses doctrines pour légitimer leur dérèglement, tordant ainsi le sens de plusieurs passages bibliques, dont voici deux exemples : 2Co 8.9 et Mt 25. Ceux qui ont l'esprit de Jézabel font croire que les chrétiens doivent être riches selon les critères de ce monde (voitures, maisons, argent,…), alors que la richesse dont il est question ici n'a rien à avoir avec les biens matériels. Il s'agit plutôt d'être riche pour Dieu (Lc 12.21) et cette richesse consiste dans les bonnes œuvres (amour, libéralités, paix selon 1Ti 6.18). On déforme aussi la parabole des talents (Mt 25) pour justifier l'évangile de la prospérité, la confusion entre le ministère et l'entreprise. L'évangile de la prospérité est le vin de la débauche qui séduit de plus en plus les membres des églises évangéliques et leurs conducteurs.

Jézabel, esprit de sorcellerie et de contrôle, anime en général davantage les femmes que les hommes, parce que Satan sait que l'homme est le chef de la femme, Jésus est le chef de l'homme et que Dieu est le chef de Christ (1Co 11.1) et à cause de la forte sensibilité spirituelle de la femme. C'est pourquoi, il cherche par tous les moyens à renverser l'ordre de Dieu et l'esprit qu'il utilise pour briser l'autorité de Dieu et celle de l'homme c'est l'esprit de Jézabel. Cet esprit règne déjà dans le monde entier : il organise, par les femmes, des conférences, des séminaires et monte des associations pour lutter contre les hommes, pour arracher le rôle de l'homme afin de l'assumer et de diriger le monde ; les femmes renversent l'autorité de l'homme dans certains pays ou elles prennent la parole et l'autorité. Et pire encore, cet esprit s'installe dans certaines églises ou les femmes sont devenues des « pasteur » pour diriger l'église de Jésus-Christ, et cela contre la Parole de Dieu qui dit : « Que les femmes se taisent dans les assemblées, car il ne leur est pas permis d'y parler ; mais qu'elles soient soumises, selon que le dit aussi la loi »(1Co 14.34) ; « Je ne permets pas à la femme d'enseigner, ni de prendre de l'autorité sur l'homme ; mais elle doit demeurer dans le silence. Car Adam a été formé le premier, Eve ensuite ; et ce n'est pas Adam qui a été séduit, c'est la femme qui, séduite, s'est rendue coupable de transgression. Elle sera néanmoins sauvée en devenant mère, si elle persévère avec modestie dans la foi, dans la charité, et dans la sainteté » (1Ti 2.12-15) ; 1Co 11.8-9 ; Ep 5.22-24 ; Ge 3.16 ; 1Ti 3. 1-5 ; Col 3.18 ; Tit 2.5 ; 1Pi 3. 1-6 ;…Comme si cela ne suffisait pas, l'esprit de Jézabel interprète, au travers de certaines femmes dans les assemblées chrétiennes, la Parole de Dieu à leur guise et faisant croire aux enfants de Dieu la vérité biblique en mensonge, et cela par une mauvaise interprétation de cette Parole du Dieu Tout-puissant.

2.- L'ESPRIT D'ADULTERE ET DE FORNICATION : l'adultère est le fait, pour un homme marié (ou une femme mariée), d'avoir une relation sexuelle avec une autre femme (ou un autre homme) que son épouse (que son mari). C'est une relation sexuelle hors mariage ; ou en d'autres termes, une trahison du vœu marital.

La fornication est le fait pour une personne d'avoir une relation sexuelle sans être mariée.

Dieu n'a pas interdit les relations sexuelles dans le couple. Voici ce qu'il dit à propos : « Pour ce qui concerne les choses dont vous m'avez écrit, je pense qu'il est bon pour l'homme de ne point toucher de femme. Toutefois, pour éviter l'impudicité, que chacun ait sa femme, et que chaque femme ait son mari. Que le mari rende à sa femme ce qu'il lui doit, et que la femme agisse de même envers son mari. La femme n'a pas autorité sur son propre corps, mais c'est le mari ; et pareillement, le mari n'a pas autorité sur son propre corps, mais c'est la femme. Ne vous privez point l'un de l'autre, si ce n'est d'un commun accord pour un temps, afin de vaquer à la prière ; puis retournez ensemble, de peur que Satan ne vous tente par votre incontinence » (1Co 7.1-5). La Parole de Dieu nous a été donnée pour nous guider et être comme une lampe qui éclaire notre chemin dans la vie. Au cours de cette marche, Dieu ne veut pas que nous puissions trébucher ou tomber. Il n'a pas créé la vie de famille pour que l'un rende la vie intenable à l'autre dans les couples. Le mariage n'a pas été créé pour qu'il y ait de l'incompréhension entre les conjoints, mais il a été institué pour le bonheur et le plaisir mutuels. Pourquoi le mariage est-il devenu aujourd'hui une épreuve réellement dure ? Pourquoi semble-t-il être comme « une servitude pénale » ? Qui n'aimerait pas, dans une situation pareille, trouver une sorte de « bouffée d'oxygène », « une prise d'air », une autre personne avec qui on passerait le temps d'une manière plus plaisante, s'interroge le pasteur Sunday ADELAJA ? Après tout, quel mal y a-t-il à changer de partenaire sexuel ? La Parole de Dieu apporte un éclairage sur ces questions (Pr 6.24-25). Les paroles flatteuses peuvent facilement attirer une personne dans le piège de l'inconduite sexuelle. L'arme utilisée par le diable pour entrainer les hommes dans l'adultère et la fornication est l'affichage extérieur de la beauté d'une femme (Pr 6.25). Les femmes aiment par leurs oreilles (en entendant des paroles flatteuses, par exemple) pendant que les hommes aiment par leurs yeux (en regardant la beauté féminine, par exemple).

L'adultère (Lév 20.10 ; Nb 5.27 ; De 22.22-27 ; Jb 24.15-18) et la fornication (De 22.21-29) sont des fléaux de derniers temps. Ils empêchent les personnes à jouir des bénédictions de Dieu.

CONCLUSION

Je suis convaincu que Dieu est en train de chercher une armée d'hommes et de femmes consacrés à Jésus-Christ, qui opèrent dans la puissance du Saint-Esprit et reprennent le territoire conquis par Satan. Il cherche ceux qui vont endosser l'armure intégrale de Dieu, se parant des armes spirituelles et de l'autorité données par Dieu, et qui sont capables de dire à Satan : « Satan, nous n'entrerons plus dans ton petit jeu. Tu es un menteur, tu n'es pas l'égal de Dieu ; tu n'es rien qu'un être créé, et Jésus-Christ t'a vaincu à la Croix de Golgotha. Va-t-en ! Nous appartenons à Jésus et tu n'as pas à interférer dans les affaires de ceux qui appartiennent à Dieu, parce que ce dernier a dit : Voici, je fais une chose nouvelle, sur le point d'arriver, ne la connaitrez-vous pas ? Je mettrai un chemin dans le désert, des rivières dans la solitude ».

La prière ne doit pas être considérée comme un devoir pieux, mais plutôt comme une stratégie de guerre essentielle et indispensable à tout chrétien authentique ; et Dieu a promis, dans sa Parole, des bénédictions illimitées à celui qui prie. C'est pour cela que Satan et l'enfer attaquent par tous les moyens l'intercesseur.

Bien-aimés frères et sœurs, sachez que depuis le jour que vous avez accepté Jésus comme Seigneur et Sauveur personnel, vous êtes entrés en guerre permanente avec l'ennemi, le diable, le prince de ce monde de ténèbres. Que vous le vouliez ou non, la guerre est permanente. Alors, il faut vous lever, sinon vous allez mourir parce que l'ennemi rode autour de nous, jour et nuit, cherchant qui il va dévorer. Sais-tu que Dieu t'a appelé ? Il est évident que si tu ignores les desseins de Dieu, tu seras dans l'incapacité d'intercéder concrètement et valablement. Connais-tu le plan du Seigneur pour le monde d'aujourd'hui ? Comprends-tu les événements politiques qui s'y déroulent ? Perçois-tu l'action divine pour amener l'histoire du monde à son but ? Le centre de l'activité de Dieu n'est ni Paris, ni Londres, ni Moscou, ni Washington ; il est bel et bien Jérusalem. A la montée actuelle d'Israël correspond le déclin des peuples, lesquels sont murs pour le jugement, tel que le Seigneur l'affirme en Jn 15.15 « Je ne vous appelle plus serviteurs, parce que le serviteur ne sait pas ce que fait son maitre ; mais je vous ai appelés amis, parce que je vous ai fait connaitre tout ce que j'ai appris de mon Père ».

Dieu veut nous révéler son plan afin que, comprenant notre temps, nous devenions comme celui dont il parle en Ezéchiel 22.30. La prière n'annule pas le jugement, mais elle permet à la grâce de Dieu de pénétrer dans ce même jugement. Alors, frères et sœurs, je vous recommande vivement et fortement de crier à Dieu, afin qu'une vague de grâce déferle une fois encore sur ce monde, et que de nombreuses âmes soient arrachées aux villes de « Sodome et de Gomorrhe » sur lesquelles le jugement va s'abattre !

Dieu dit : « Je vous dis encore que, si deux d'entre vous s'accordent sur la terre pour demander une chose quelconque, elle leur sera accordée par mon Père qui est dans les cieux » (Mt 18.19). Le Seigneur promet formellement une bénédiction particulière à la prière en commun. Là où l'on intercède ensemble à l'unisson, les démons sont mis en fuite. Alors, que des enfants de Dieu ploient ensemble les genoux, et le lieu où ils sont réunis se met à trembler, et les anges du ciel se réjouissent (Ac 4.31).

Une seule arme efficace et efficiente nous confiée par l'Eternel des armées : LA PAROLE DE DIEU, que le Seigneur a utilisée et que nous devons aussi utiliser en bons disciples de Jésus-Christ, si nous nous reconnaissons en cet Homme de Galilée, le Seigneur des seigneurs, le Roi des rois, le seul Médiateur entre Dieu et les hommes, notre Maitre, notre Avocat et le Commandant Suprême de l'armée divine dont nous sommes des soldats.

Viens mon frère, viens ma sœur, pour t'enrôler dans cette armée, Jésus t'appelle pour que tu sois à la brèche, intercédant pour notre monde en détresse, sur lequel Dieu veut faire tomber son jugement.

« L'Eternel voit qu'il n'y a pas un homme, Il s'étonne de ce que personne n'intercède » (Es 59.16). La moisson est mure (prête). Mais par manque d'ouvriers qualifiés, elle risque de périr sur pied. Et ceux qui sont à l'œuvre piétinent, faute de savoir se servir de leurs outils. Ils font du jardinage, cueillent des coquelicots, au lieu de ramasser des gerbes. Tout autour, c'est la guerre et l'ennemi s'infiltre silencieusement dans le camp, tandis que les sentinelles dorment sur les brèches, leur arsenal à leur coté. « Réveille-toi,-toi qui dors ! ». L'ennemi est désarmé ! « Avec Dieu, nous ferons des exploits ; Il écrasera nos ennemis ».

Intercesseur :

-Debout, sainte cohorte,

Soldats du Roi des rois !

Tenez d'une main forte

L'étendard de la croix,

Au sentier de la gloire

Jésus-Christ nous conduit ;

De victoire en victoire

Il mène qui le suit

-Debout pour la bataille !

Partez, n'hésitez plus

Pour que nul ne défaille

Regardez à Jésus.

De l'armure invincible,

Soldats, revêtez-vous !

Le triomphe est possible

Pour qui lutte à genoux.

-La trompette résonne

Debout, vaillants soldats !

L'immortelle couronne

Est le prix des combats.

Si l'ennemi fait rage,

Soyez fermes et forts ;

Redoublez de courage

S'il redouble d'efforts.

-Debout, debout encore !

Luttez jusqu'au matin,

Déjà brille l'aurore

A l'horizon lointain

Bientôt, jetant nos armes

Aux pieds du Roi des rois,

Les chants après les larmes

Le trône après la croix !

BIBLIOGRAPHIE

- C. Peter WAGNER, Le combat dans la prière, Editions VIDA, Miami, 1996, USA
- Charles CAPPS, Comment éviter la tragédie et vivre heureux !, Ed. Bethesda, France
- David S.J. ALEXANDER, La puissance de la prière : incroyable !, la Maison de la Bible, 2008, Lausanne- Suisse
- Derek PRINCE, Le combat spirituel, IMEAF, 1999, France
- Docteur D.K. OLUKOYA, Pluie de prières, Presshouse, 2003, Nigéria
- Docteur Joseph MURPHY, La prière guérit, Editions Dangles, 2013, France
- Kenneth E. HAGIN, La prière victorieuse, Editions Victoire, 2009, Nice France
- Kenneth E. HAGIN, L'art de la prière, Editions Bethesda, 2012, France
- J.R. RICE, La prière, Editions CLC, 2012, France
- Michelle D'ASTIER DE LA VIGERIE, La guerre invisible, RDF-Editions, 2010, Suisse
- Michelle D'ASTIER DE LA VIGERIE, Les clés de la délivrance, RDF-Editions, 2003, Suisse
- Raoul MAZEL, Prier, intercéder, combattre, Editions l'Oasis, 2007, France
- Rebecca BROWN, Préparez la guerre, Editions Roi des Rois, 2008-2010, France
- Reuben A. TORREY, Comment prier, Editions CLC, 2012, France
- Sunday ADELAJA, Vivre sexuellement libre, Editions Gabriel, 2008, France
- Wim MALGO, Sois un intercesseur, Editions Appel de Minuit, 2005, Suisse
- Zacharias TANEE FOMUM, La délivrance de l'emprise des démons, Editions du Livre Chrétien, 2006, France
- Zacharias TANEE FOMUM, L'art de l'intercession, Editions du Livre Chrétien, 2015, France

DU MEME AUTEUR :

Dieu cherche, aujourd'hui, un Homme.

Joseph, un leader modèle pour rétablir un gouvernement en crise.

A PARAITRE :

Dieu cherche, aujourd'hui, un Homme (Volume 2).

Créé pour dominer.

Sommaire

www.ingramcontent.com/pod-product-compliance
Lightning Source LLC
Chambersburg PA
CBHW071247130726
47998CB00003B/1088